成功する！
周年事業の進め方

はじめに

企業や団体、ブランドなどは必ず「周年」という節目を迎えます。大々的なイベントやコラボレーションなど、時にはニュースにもなり世の中にインパクトを与えますが、祝賀パーティーや社員運動会の開催、ロゴや社史の制作など、企業・団体によって周年を記念した取り組みは様々です。一見すると華やかなこれらの業務ですが、実際に任された担当者にとってはどうでしょう。頻繁に訪れる機会ではないからこそ前任からの引継ぎがなかったり、とりあえず予算は用意しているから何かしてくれという指示だったりと、正解がない中、結局よくある施策（分かりやすい答え）ありきで進めることにした、といったケースが非常に多く見受けられます。

周年の目的・ゴールをどう定めるか、社員、顧客、株主…などどこまでを対象に周年を展開するか、何をするか、関心がない社員をどう振り向かせるかなど、担当者には一大プロジェクトを動かしていくパワーと知見、アイデアが必要です。

では、なぜ周年に何かを行う企業・団体が多いのでしょうか。極端な話、「自社は○周年です」ということを顧客に伝えたところで、顧客にとって何かメリットがあるかというとそうではありません。売上に周年が直接結びつくかというとそれもなかなか難しい話でしょう。しかし、周年は、ステークホルダーから「信頼」を得られるチャンスと言えます。

昨今は、企業の「信頼」が特に必要な時代です。働き方改革が叫ばれる今、従業員からの信頼や求心力がなければ人材流出に悩まされます。また、企業や団体の不祥事が続く中で、社会全体や顧客からの信頼を失わないために、経営層やマネージャーは細心の注意を払っていることでしょう。

これらの「信頼」は、普段の経営層を含む社員の態度からも得られるものですが、周年のタイミングも活用しないわけにはいきません。ステークホルダーにこれまでの感謝を伝え、これからの自社の目指すべき姿を共有し、信頼や共感を得る。この絶好の機会として周年を捉え、形式的な行事やお祭りではなく、会社の未来の成長を牽引するきっかけになってほしいと願う経営層は多いものです。

本書は、このような課題や想いを抱えた経営層や担当者を対象に、周年機会を有意義に活用するための方法を知っていただくことを目的としています。2015年より開講した、宣伝会議「周年活用プロモーション講座」は、これまでに約450の企業・団体が受講し(2018年4月現在)、多くの課題や悩みを共有してきました。本書では、これらの声に寄り添い、より多くの担当者の拠り所になるべく、本講座や「コーポレートブランディング推進講座」をもとに制作しました。

第1章～第3章では、「周年活用プロモーション講座」講師の臼井弥生氏が、周年が成長につながる理由から、周年の目的の整理、施策を考える前のコンセプトメイキングを解説しています。第4章では、「コーポレートブランディング推進講座」講師を務めてきた森門教尊氏と甲斐荘正晃氏が、目的別の施策例を網羅し、第5章では、続けて甲斐荘氏が、これらの一連の施策をいかにして社内に浸透させ、自分ごと化してもらうかについてまとめています。

ぜひ、本書を通じて、その場限りのお祝い事ではなく、貴重な機会を最大限に活用し、会社の成長につながるような企画を作り上げ、実践していただければ幸いです。

宣伝会議

目次

第1章

なぜいま、周年が会社の成長につながるのか

――臼井 弥生

(1)「周年」をどのように捉えるか

節目と向き合う機会

日本は長寿企業が世界で1番多く、2017年時点で創業100年以上となる企業の数は、3万社以上もあるそうです（東京商工リサーチ「老舗企業」調べ）。確かに、この激変する社会におかれながら、一企業として苦難を乗り越え、永続性を確保していることは尊敬の念に堪えないことであり、その喜びと感謝を多くの方々と共有できる「周年」はとても大切な機会でもあります。

一方、最近は、自らが自らの節目を創りだす機会として周年を捉えている企業が増えている傾向が見受けられます。周年事業というと、区切りよく10周年単位や半世紀・四半世紀を思い浮かべる方が多いようですが、実際には、短いところでは1周年、長いところでは120周年と様々です。

つまり、周年とは、「節目」とどのタイミングでどのように向き合うかということになります。人にも企業にもその歴史の中で「節目」があり、その中でどのような節目を創りだすかは、企業それぞれの意志や意図によるのです。

竹は、中身は空洞ですが、節があることで、強い風にさらされても折れることなく高く伸びていけます。節の下を見れば過去があり、節の上には未来があります。過去・現在・未来が１本の軸となってきちんとつながることにより、竹と同じく、企業も大きく成長していきます。そのつなぎ方を考えていくのが、周年事業の大切な役割であると私は考えています。

ですから、現在を「祝い」、今日があることに「感謝」し、これから先の永続と成長を「誓う」。これらが効果的につながりをもって展開されることが周年事業として望ましいものになるといえます。

「活動」なのか、「事業」なのか

周年を「活動」にするか、それとも「事業」にするか。これにより、準備の仕方や展開のさせ方が大きく異なります。

ビジネスの世界でも、「営業活動」「広報活動」は日常的に使っている言葉ですが、「営業事業」「広報事業」という言葉を使うことはほとんどありません。「活動」は、ある物事を達成するための手段といえますが、「事業」とは「社会的な大きな仕事」であり、「生産や営利などの一定の目的を持った継続的な仕事」を指しています。

つまり、周年を「事業」とする場合、目的を持って成し遂げなければなりません。

よくあるのは、「何をやるか」と、アイテムの列挙から始めてしまい、一般的な周年事業としての社史・イベント・広報・記念品といった個別の活動の足し算になってしまうことです。個別の活動はどれも多くの労力と予算を要します。やりたいことを時間と予算に合わせて列挙し、それぞれを実施した後にどのような目的が果たせているのかを忘れてしまうということが起こってしまいます。実際に、個別の活動や成果物はとても良くできているのに、世間に知られていない、社員のモチベーションアップにつなげられていないという残念なケースも多々見受けられます。ちょっとした活動と活動とのつなぎ方や全体推進のプロセスを見直すだけでも大きく効果性は変わるのにと思うことがあります。そういったことを発生させないためにも、周年の機会を「事業」として捉えることによって、「何を得たいのか」と自問自答することからスタートさせることが大切です。

私が周年に関わらせていただく際に最も重視することは、その企業が周年をどのように捉え、何を得たいのかということです。これを明らかにすることは、活動を事業として展開するために重要なプロセスとなります。

「活動」にするか、「事業」にするかは、読者の皆さんが所属する企業の判断にお任せしますが、本書では、以降「周年事業」と表記することにします。

担当者・責任者だけでなく、経営者視点で

私自身の話になりますが、いまから20年以上前にいまの会社の母体となる会社の40周年事業に関わりました。それが初めての周年事業の仕事でした。当時の社長に直接社史の編纂を命じられました。社内報の制作を行っていた流れだったのだと思いますが、そもそも社史そのものを編纂するプロセスも知らない状態で非常に大変な仕事となりました。社史の制作を進めている中、次にCIを導入するという指示が来ました。40周年を機に社名とロゴマーク刷新のプロジェクトも始動したのです。CI活動は、会社のパンフレット・ユニフォーム・社有車のデザイン・建屋やネオンサインなど、アプリケーションの幅が広く大仕事となりました。異なる分野の様々な専門家の方々の多くの支援と指導のもと、日々学習の連続であり、すべての活動を完了させるために、3年余りを要しました。私自身の仕事人生の中でも、億単位の金額が投じられた非常に学び多き価値ある一大プロジェクトであり、その後の大きな財産にもなりました。

そのときに気づかされたのが、経営者の意図と想いでした。社史を編纂するために創業者のインタビューを幾度も行いました。その中で得られたこと、それは、創業者の生き様や、危機的な状況に遭遇しながらも英断を重ね、組織を成長させ現在を築いたという事実。そして、40周年を機に経営のバトンタッチを行い、次期経営者に会社

の未来を託すという意志です。新しいリーダーのもとで、厳しく不透明な未来を一丸となって切り拓いてほしいと思っていたのです。

経営者の指示は、これらの想いから来たものだったのだと理解できます。創業者としてのカリスマ的な存在が企業の象徴であったことに対して、ＣＩを導入することによって新しい企業価値＝ブランドを創造してほしいという意図だったのだと思います。ＣＩ活動は次期社長がリーダーとなり多くの社員を巻き込みながら推進され、新しい経営方針とビジョンが明らかになりました。その内容がＣＩのコンセプトとなり具現化されていきました。

その周年事業は、社員向けの社員総会の開催、新社長就任のお披露目パーティーのイベントを皮切りに、その後、新経営方針の浸透プログラムが継続的に行われ、経営者の交代を機に経営の質やスタイルそのものが大きく進化するものとなりました。浸透プログラム用に新たに経営方針をわかりやすく翻訳するビジョンブックや新しいロゴマークに込められた意味を楽しく伝える映像の制作など、経営成果に結びつけるための様々なサブツールを開発しました。新しいロゴマークやコーポレートカラーで統一された職場・看板・ユニフォームなど身近な変化が、これからの経営が期待していることを伝える機能にもなり、単なるデザインの刷新ということではなく採用活動の質の向上や企業文化の再生にも寄与しました。

このように、周年事業を、新しいコンセプトを持って経営が起こしたい変化にインパクトを与える活動として展開させることで、短期的なパフォーマンスではない未来につながる活動へ貢献するものにできるのです。

経営者と同じ想いや思考を持つことは難しいと思う人もいるでしょうが、周年を事業として展開するためには経営の意図を推察することは欠かせないことだと思います。

社内には、経営の意図を掴むことができる情報が様々あります。社内報でのトップメッセージや年頭所感、会議での発言、中長期経営計画やプロジェクト活動などそこに関わっている方々からのヒアリングによって、自社が目指していることや得たい状態は見えてくるはずです。

また、長い歴史がある企業では、過去の周年事業を検証することも大切です。その周年事業にはどのような意図や想いが込められていたか、実施した内容に見合ったパフォーマンスが得られていたか、それを体験した社員はどのように記憶しているか、そういったことを確認することにより、新たに迎える周年に意味を生み出すことができます。

周年事業が、一過性のイベントではなく事業として経営にプラスの効果をもたらすということを、スタートさせる段階で経営層や幹部の方々に認知してもらえるプロセスがとれると、会社全体の周年事業の捉え方も変化します。結果として、一部の人で編成された委員会だけが準備、推進することをなくしたり、多くの協力者を得やすい状況をつくったりすることが可能になります。

「経営者視点」というと難しく感じるかもしれませんが、「会社をもっとどんな状態にしたいのか」ということとシンプルに理解するとよいのではないでしょうか。社員やお客さまにもっとこんな風に思ってほしい、なってほしい、感じてほしい、という経営の意図を掴み、ためらわずに動き出せば、必ず何らかの解は見出すことができるはずです。

(2) 自分たちの在り方を問う

存在意義とは何か

「周年は成長の節目を自らが創りだす機会である」と述べましたが、近年周年を事業としてしっかり行いたいという企業のニーズには次のようなものがあります。

■成長戦略としてM&Aを行い、早期にシナジーを創出して競争力をつけたかったが、思うようなスピードで現場の仕事が変わっていない

■急成長し社員の数が増えたものの、創業時のベンチャー精神が希薄になっている。周年をきっかけに自社の歴史や理念をいま一度社員に正しく理解してもらいたい

■今日あることの感謝の意を、表面的なメッセージレベルを超えて、お客さまにきちんと伝え共有したい

■中長期の新たなビジョンや経営計画を社員と共有し、イノベーションを促進する社員の意識変革につなげたい

■新しい機能やサービスを開発しているが、これまでの自社のイメージが固定化され

ており、思うような成果に至っていない。ブランドイメージを刷新して新たなマーケットでも自社の存在を認知してもらいたい

これらは、どれも経営課題として重要なものであり、周年事業そのもので解決できるというものではありません。しかし、何かをきっかけに何かを仕掛けていかなければ良い方向へ変化していくことは当然ありません。ですから、周年を節目として捉えて、「これを機に変えていこう」「強化していこう」「多くの人に理解してもらおう、共感してもらおう」ということを明確なメッセージや事業、サービスにして、公のものとすることで、周年がそのきっかけになりえるのです。

企業とは、営利を追求するのみならず、そもそも「我々の会社は、誰の、何のために社会に存在するのか」「社会にとって必要とされ続けるためにどうあるべきなのか」といったそれぞれの存在意義を持っています。その存在意義を明確にするためには、環境・技術・人々の価値観などの変化や時代の要請により、常に「いまの我々は価値ある存在なのか」ということを問いかけ、見直し、進化することが不可欠です。つい最近まで価値あるもの、必要とされていたものが、新しい機能や商品やサービスの出現によって、必要度があっという間に下がってしまうということがあらゆるところで起こっている時代です。だからこそ、将来を悲観することなく自らの意志でどのよう

にありたいのかという存在意義を明らかにすることが、これまで以上に重要な時代になっているのだと思います。

企業は、お客さまによって支えられているだけでなく、社員・パートナー企業・株主といった多くの人々や組織によって成り立っているものです。存在意義とは、その関係者にこれから自社がどうありたいのかを宣言し分かち合っていくものです。分かち合うことによって、組織＝そこで働く人々に活力を生み、パートナー企業との信頼の絆を確固とし、マーケットから支持されるという状態をつくるための共通目標になるのです。

先に述べた様々な会社の周年事業ニーズの背景には、それぞれが未来に向けて健全な姿で成長し、永続性を確保したいという想いがあるのだと思います。この想いをいかに形づけていくか、明確なメッセージを持たせていくかということが大切になるのです。

変えるべきことと変えてはならないこと

企業として、どのようなメッセージを発するか、どのように存在意義を形にするかの考え方は、2つあります。それは、変えるべきことと変えてはならないことです。

経営環境の激変、人々の価値観の多様化、社会そのものの変化などに適応しながら企業としてのあるべき姿を実現していくことは、経営の使命でもあります。その中で、あらゆるものが変化するのだから、我々自身も変わっていくということはもちろん大事なことではありますが、何もかも変えればよいということではありません。その企業独自で大事にしている考え方は、むしろ変えてはならないこととして受け止めていく必要があります。やり方は変えていく、製品やサービスも新たに開発していく、けれどもそれらのベースとなる考え方は都度変えていくというものではないはずです。

例えば、本当にお客さまの立場になって考えること、いかなる時代でも人々が求めているものに応えていくこと、徹底的に品質にこだわり続けることなどは変えてはならないことです。清潔であること、健全であること、約束を守ること、嘘をつかないことなども同じです。これは人にも組織にも言えます。企業の土台を支えているのは精神や価値観なのです。

企業によって「企業理念」「クレド」「社是」など使う言葉は様々ですが、その企業を支える精神的な土台となるものを、経営活動においていかに扱い展開していくかということも近年はとても重要なテーマになっています。

働く人々が、目の前の仕事を行っている際に遭遇する様々な局面において、自分はどうあるべきか、どのような判断と行動がいま求められているのか、そういったときに立ち返るのが、その企業が大事にしている考え方です。その考え方が明示され末端まで浸透しているところでは、適切かつ健全な独自性ある仕事が日々実践されており、その結果、社会から支持される組織ブランドが形成されています。

ですから、周年を機に、改めて自社の精神的な土台を確認するということはとても効果的です。ベースとなる考え方があるからこそ、時代やお客さまの期待に応えるために、自らが変わり、新たな機能やサービスを生み出していけます。つまり、変えていくことと変えてはならないことは別物ではなく、それらがセットとなってそれぞれの企業の生き様といまの在り様をつくっているのです。

(3) 共感できる未来を示し、可能性を抱かせる

働く人々の求心力として

周年を節目とするためには、節の先にどのような状態を目指し実現したいのかという未来の姿を示すことも欠かせません。これがないと、いまを祝う・感謝するということに周年が終始してしまう可能性があります。

現代は、働く人々の組織に対する考え方・受け止め方も多様化しています。終身雇用という考え方も薄れています。自己のキャリア形成をいかなるものにしていくかという考え方をしっかり持っている人が増えています。

多くの企業は、自社の成長や進化と社員個人のキャリア形成がきちんとフィットして、価値ある戦略人材になってほしいと望んでいますし、いまの業績を支えてくれているのは、人材あってこそだと思っています。人材とは、正社員だけでなく、パートや契約といった雇用形態に関係なく、共通の目的に集う人々であり、そういった人材に会社の存在そのものを好意的に価値あるものとして、受け止めてもらいたいと思っているはずです。

また、勤続年数の長い人と社歴の浅い若い人では会社に対する印象や受け止め方も異なっています。創業期に入社した人、成長期に入社した人、変革期に入社した人、安定期に入社した人、会社の状態も人間と同じですから、その時々で変化しています。

要は、人によって会社の存在をどのように受け止めているかは様々であるということです。この違いを踏まえた上で、雇用する・されるという立場を超えて、会社の存在が働く人にとって好感が持て共感できる、更には「自分ごと」として受け止められるものになっているかということを考えた経営をすることが、極めて重要な時代となっています。

平たく言えば、「ウチの会社が好き」「ウチの会社には将来性がある。だからこれからがもっと楽しみ」「ウチの会社で自分を磨くことができる」など、会社の存在そのものが自分の人生において価値あるものと受け止められることが大切なのです。

周年事業のうち、社内向けのイベントとして「社員総会」というものがあります。ここでは社員が一堂に会し、自社のこれまでとこれからを共有するという内容が織込まれます。これは、会社の存在を自分ごと化する重要な場になりえます。自社の歴史を映像で振り返る、過去の大きなエポックを共有し、そして自社の未来を発表し、語り合うというような内容をその企業に合ったスタイルで展開します。すると、終了後の感想で「会社の全体の姿がよくわかった」「描いている夢・構想に期待を持てた」「もっと将来の話を聴きたかった」というポジティブな感想が寄せられます。

それを単に喜ぶだけではなく、だったらこれまではどうだったのかを社員の方に聴かせていただくようにしています。するとその答えは、会社＝職場・実務というケースが非常に多いのです。「会社全体のこととしていまどうあるのかということを、そもそも意識することがない」「短期的な会社の業績や職場の成果について触れる機会はあるけれど、過去から見た会社全体の進化のための取り組みや目的はよくわからないし、自分たちには関係ない」「経営層とじかに触れ合う、話を聴く機会がほとんどなく（社内報・ＴＶ会議中継程度）、遠い世界の人たちという印象」というような実態が見えてくるのです。

ただ単にイベントとして終了するのではなく、これからの日常の在り方を変える、コミュニケーションの質や頻度ややり方を変える、会社にとって社員一人ひとりの存在が実感できる場をつくるというような機会にすることによって、周年の社員総会を機に新たな成長軌道を創り出すことが可能となるのです。

会社の考えていることや目指していることに共感し、これまでの努力が報われ、さらなる未来づくりへ社員の気持ちを求心できるような場をつくることが、経営にとっては大きな効果につながります。もちろん皆で祝し、楽しみ、感謝するということも大切ですが、アトラクション中心のイベントごとは、その後の感想もアトラクションの評価が中心となり、先に述べたこれからの経営のパフォーマンスにはつながりにくいということを認識しながら、より良い企画を考えていくことが望まれます。

成長ポテンシャルを魅せる

会社の将来像は、社員向けだけでなく、外部の方々にも示されるものです。上場企業の株主総会では、前年度経営の「説明責任」を問われる以上に、その会社が今後の成長戦略をきちんと明らかにしているか、そのための具体的な策がどのようなレベルで企画・実施されているのかに対する「説明責任」が求められます。

自発的に自らの将来像や成長意欲を示すために、外部からの期待を認識したうえで、周年と絡めてその見せ方をデザインしている企業もあります。そういった工夫は、これまでの活動にダイナミズムを生み、戦略の実現スピードを速めることにもつながっています。

「成長戦略」というと、周年だからといって新たに戦略を立案しなければならないの？と疑問を持つ方もいるでしょう。しかし、必ずしも成長戦略を描かねばならないということではありません。経営活動は継続しているものであり、戦略においても周年のタイミングが丁度中期の中間年度の企業もあれば、最終年度の企業もあるでしょう。大切なのは、戦略は「何をやるか」ということであり、その「何を」を実現した先に、どのように未来社会やマーケットを観て、どのような未来像を持っているのかということです。

未来像とは、会社全体の姿です。10年前の我々を取り巻く環境といまは大きく異なっています。顕著なのが、情報技術の革新から生まれる大きな変化です。これにより、業界構造の変化や新たな流通の台頭、そして私たちの日常の在り方そのものが変わってきています。新たなサービス、新たな製品、新たな技術が今後も次々と登場してくるでしょう。一方、テクニカルな側面での進化の裏側で、精神的な側面で、私たちが人間として普遍的に大切にしたいことや求めることも存在するでしょう。

そういったことを前提に未来を多面的に捉えながら、自社はどのような姿になってどのように社会やお客さまに貢献していくのか、未来に向けて自社らしい姿を示し、多くのステークホルダーに約束することができる状態を創ってほしいと思います。

業績やマーケットシェアなど、事実で見せることに止まることなく、自社の可能性に魅力を抱いていただける状況を創りだすことができれば、それは大きな経営の推進力につながります。

このように周年は、自分たちのあり方を示すものであり、未来への成長の道筋を明らかにするものになるのです。

10年後に自社の歴史を振り返ったとき、あのときあの場所で自らが誓いを立てた姿を実現していたなら、本当に喜ばしいことでしょう。そして、そこに関わった多くの人々と、また次なる10年を約束することの大切さが分かち合えているはずです。

第2章

周年事業を行う目的を整理する

——臼井 弥生

(1) 企業の目的とは何か

第2章では、周年事業を行う目的を考えていきますが、前提としてまずは企業の目的について考えてみましょう。

企業の目的の代表的なものとしては、「利益をあげる」ということがあります。しかし、それ1つに留まることはありません。利益は、どの会社でも1年という会計年度を通して確認するものであり、1年ごとに検証する「結果」です。今期は黒字で良かった・・・でも数年後も同じように利益を出せるかどうかはわからない、というのが実際です。

経営環境の変化や景気の動向など、不確実性の中で経営活動は行われているものであるため、来年、そして数年後も黒字であり続ける確証はありません。そのような中でも、不確実さ不透明さを言い訳にすることなく努力していくのが経営活動です。つまり、利益をあげるということは、まずは存続するという足元を固める土台をつくるための目的であり、その先には、「永続する」というより大きな目的があります。これは、多くの企業が重視しているサステナビリティー（持続可能性）という考え方です。

近年、企業そのものが社会の一市民としてどうあるべきかという問いに対し、CS

R活動を通して、社会に対する責任を果たしていくという動きが重視されています。自社の製品・機能・サービスといった自社起点での存在意義の追求だけでなく、社会から見てどの領域に自分たちの会社が果たすべき責任が存在するのかを明らかにして、現実的な取り組みを行っています。企業のグローバル化の進展も、このCSR活動の領域を拡大する一因となっており、環境への取り組み、後進国への支援、ボランティア活動など各社のCSRレポートの充実が図られています。

そして、企業にはもう一つ大きな目的があります。これは目的というよりも、大前提と言った方が適切かもしれません。それは、企業としての倫理観を明確に持ち、現実の仕事で実践し続けるということです。

「利益をあげるためならば、ルール違反もやむなし」という考え方は通用しません。会社としては極めて誠実で倫理観を重んじた経営方針や施策を打ち出していても、一社員や一部の組織の行いが会社全体の信用を失墜させ、場合によっては存続さえ危ぶまれるという出来事が、近年様々なところで起こっています。

周年事業で格好いい未来を語り約束している会社が、足元で不祥事を起こしているのでは、ステークホルダーから叱責を買うことは自明です。

このように、会社が存続し続けるということには複数の目的があり、これらを同時に追求していく行為でもあるのです。

(2) 周年の目的を探求する

目的は何を得たいのかを知ることで見えてくる

周年事業は、組織や団体が行うものです。組織には、企業だけではなく学校法人や組合など様々なものが存在します。また、市町村の再編により新しい市や区としての周年ということもあれば、電車や道路の開通そしてロングセラーの単体商品の周年というものも存在しています。

周年事業を考えはじめるタイミングによって、目的ややりたい内容も異なります。周年時まで1年未満の状況では、周年としての「お祝いごと」をどうするかという話が最初に出てきます。そのようなケースは、目的よりも「何をするか」ということからスタートしてしまいます。中には、周年記念に何をしたいか全社員向けにアンケートをとってみたら、いろいろな要望やアイデアが出過ぎてむしろ収拾に困っているというようなケースもあります。

2~3年の準備期間があるところでは、過去の周年事業の実績を踏まえて、今回は何を手掛けるかという状態が多く、目的の濃淡はありますが少なくとも周年で何を得たいのかということを模索しているケースが多いように思われます。

どのようなケースでも、最初の段階で現在の会社の状況や今後の方向性にじっくりと向き合うことが重要です。経営サイドは、数年に1度しかない周年という機会に、少なくとも社内外に対して何かをしたいという意図は持っています。その上でより企業の目的と紐づけて、会社として何がしたいのか、どのような状態を欲しているのかを探求することで、周年の目的も明らかになります。

「得たいもの」は経営進化とつなげて考える

周年事業をきっかけにして、良い会社・強い会社・魅力的な会社づくりへの機運を高めたいという経営ニーズの背景には、次のようなことが挙げられます。

■グローバル競争の波にさらされた環境下でも負けない戦略推進
■生き残りや競争力を高めるために、大企業・中小企業を問わない企業再編（統合・アライアンス・事業部分社化など）を行う企業の増加
■長く続いた系列取引の崩壊による、自由競争の活発化
■株主重視の経営（利益の最大化と還元）と企業が担う責任領域の拡大
■就業意識の多様化に応える経営スタイルや職場環境・働き方の改善・改革の高まり

■コンプライアンス経営の重視

これらは代表的なものですが、周年を迎える企業や団体は、変化し続ける環境を見据えながら、持続可能性を追求しています。会社が存続しているということは、経営環境に適応し続けてきたという証でもあります。そして、この先も続く変化に対して、いまはまだ大変な局面には達していないだけに、将来を見据えて先手を打っておきたい、いまの状態で満足してはいけない、させてはいけないと真剣に転機を創りだそうという企業が増えているということです。

このような背景から、第1章でも紹介した、具体的な周年事業を考えたときに出てくるニーズとしては、

■成長戦略としてM&Aを行い、早期にシナジーを創出して競争力をつけたかったが、思うようなスピードで現場の仕事が変わっていない

■急成長し社員の数が増えたものの、創業時のベンチャー精神が希薄になっている。周年をきっかけに自社の歴史や理念を明らかにしていま一度社員に正しく理解してもらいたい

■今日あることの感謝の意をメッセージレベルを超えて、お客さまにきちんと伝え共

有したい

■中長期の新たなビジョンや経営計画を社員と共有し、イノベーションを促進する社員の意識変革につなげたい

■新しい機能やサービスを開発しているが、これまでの自社のイメージが固定化されており、思うような成果に至っていない。ブランドイメージを刷新して新たなマーケットでも自社の存在を認知してもらいたい

というものがあります。それぞれの項目を改めて確認すると、経営環境の変化とのつながりが見えてくると思います。

周年事業は何年かに1度という仕事なので、その会社独自の進め方やノウハウは蓄積されにくいものです。また、ノウハウが蓄積されていても、前回の周年時と今回の周年時では会社のおかれている状態や内部の状態も異なっているはずです。いずれにしても、それぞれの企業にとって、そのタイミングでの周年事業は、十人十色であるということです。異なっているということは、前例に倣うというやり方だけでは経営からの期待に応えるものにはならないということになります。

目的が明らかとなり、それに合わせて「何を」行うかが明確化されると、多くの理

解者を得ることもできるため、企画や進行がぶれることなく、容易で円滑なものとなります。

目的は言語レベルではなく、意味を明らかに

経営のニーズにマッチした周年事業の目的は、きちんと言語化して意味を明らかにする必要があります。企画者の頭の中にあるイメージと受け止める側のイメージが合致していることもあれば、そうでないこともあるからです。

例えば、「社員に喜んでもらいたい」「お客さまに感謝の意を伝えたい」「より多くの人に周年であることを知ってほしい」といった内容は、一見わかりやすい目的に思われますが、このレベルで目的を抑えてしまうと、よく言う「コスパの悪い」結果となる可能性が大きくなるでしょう。なぜなら同じ言葉を使っていても、その意味やその言葉から連想されるイメージは、個々によって異なるからです。目先の目的を明らかにするだけでなく、もう一段深く掘り下げて目的を捉えなおすことで、コスト以上のパフォーマンスが得られる可能性が高まります。

先の例で見てみると、社員の喜びはそもそも与えるものなのか？　社員自身がつくりだすものなのか？　というように、捉え方の違いでアプローチは異なります。感謝についても、感謝するのか感謝されるのか、どちらなのか考えると異なるアプローチ

が見出せます。感謝されるような存在感を伝えようとするならば、メッセージレベルの活動ではなくなるはずです。どちらが正しいということではありません。双方を求めるケースもあります。ここで大切なのは、「喜び」や「感謝」といった言葉の持つ意味をきちんと定義するということです。

私たちは、いろいろな場面で目的や目標という言葉を使っていますが、目的とそれによって得たい状態を同じようにセットできているかというと、意外と甘い・雑・曖昧・バラバラというような状況であることがよくあります。そういったことが少しでもなくなるような「目的」の捉え方をするためにも、言葉の意味合いを、共有すべき人々と丁寧に確認し合うことが望ましいでしょう。

周年事業の対象を考える

周年の目的は、「何を」もって会社の成長に貢献できるかを明らかにする、ということは理解できたと思います。

「何を」は、対象相手によって変わります。中には同一のものが出てくる場合もありますが、対象相手に応じて得たい状態は異なります。

対象相手には、「社員」「お客さま」「株主」「協力パートナー」「地域社会」が代表的なものとして挙げられます。近年では、「社員」に加えて「社員の家族」までと拡大している取り組みが見受けられます。
対象別の目的の中から、代表的なものを紹介します。

①社員

■「企業理念」を再確認することによって、自社の考え方・スピリッツをそれぞれの場所で発揮してもらいたい

■会社のビジョン実現・戦略の推進への喚起と参画を促進したい

②お客さま

■意図するブランドイメージを強化あるいは刷新して、顧客層の拡大を図りたい

■新機能・新サービスを知ってもらい、企業イメージのポジティブな拡大を図りたい

③株主

■投資に値する成長性・健全性を得て、信頼関係を深化させ拡大したい

■期待価値を高め、さらなる関係強化を図りたい

④協力パートナー

■自社の経営方針や戦略を明確にし、推進力の向上を図りたい
■パートナーの存在そのものを大切に思っていることを確認するとともに、今後の共存共栄関係に向けた方向性を共有したい

⑤地域社会
■地球規模・社会規模の課題に対する、積極的な貢献姿勢や活動を広く知ってもらい、企業イメージと信頼感を高めたい
■事業を営んでいるエリアに対しての感謝を具体化し、地域から支持される企業として認知され続けたい

すべての対象者に何かをするということは、現実的には難しいかもしれませんが、このように分けて整理することにより、どこに重点を置いていくべきなのかということが明らかになってきます。

第3章のコンセプトメイキングでは、自社の周年で捉えるべき対象を明らかにするとともに、対象ごとに、どのような影響を与えていきたいかをあぶり出していきます。

さて、ここまでで、周年事業の目的は、「得たい状態」を把握することであることが

わかりました。そしてそれは、対象相手ごとに思考すると複数あるということもわかりました。それらの目的が、より関連性をもってストーリーとして展開されるとさらに効果は高まります。

これから紹介する3つの具体的な目的が、周年をきっかけに、過去～現在～未来をつなぎ、社内⇕社外を循環することで、継続的な活動に進化できるものとなっていくのです。

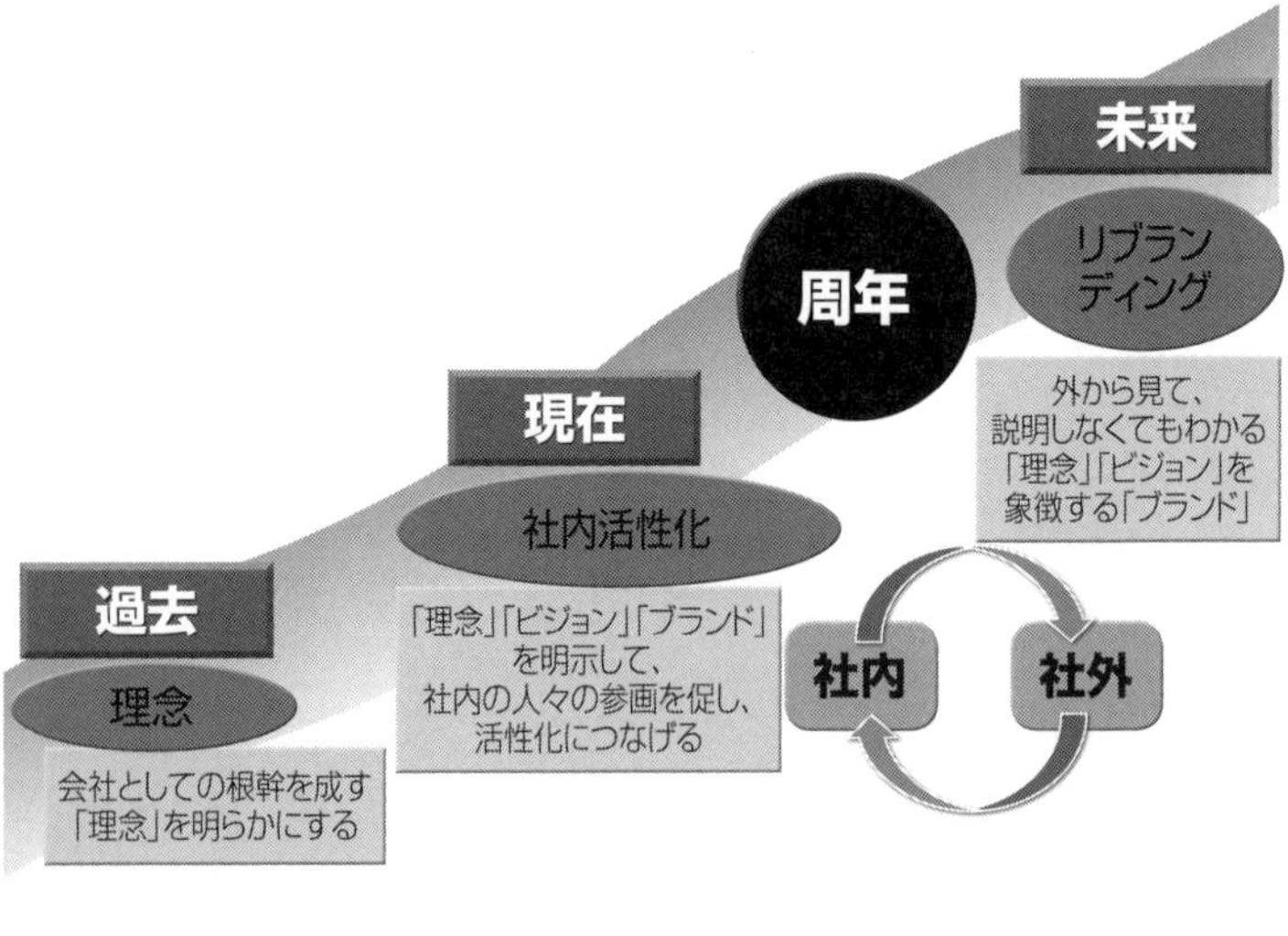

【図 1-1】 周年目的の好循環を創りだす

（3）周年の目的1：企業の根幹となる「理念」と「意義の浸透」

なぜ企業理念の浸透が課題になるのか

周年事業では、「理念の策定・見直し・浸透」が、テーマとして挙げられることが多々あります。なぜ、そのようなニーズが生まれているのでしょうか。実際にどのような状況が存在しているのか、事例を挙げて紹介します。

■グローバル戦略により増加した、異なる文化・言語の人々と共通の価値観を共有することで、一体感や組織そのものへの好感度・信頼度を高めたい

■ベンチャー企業で、急成長しているが、キャリア採用の人材が多い。異なるバックボーンやそれぞれの専門性は認めつつも、組織そのものへの帰属意識も高めたい（人材の流出をなくしたい）

■会社の業績は安定しているが、創業時の闊達さや挑戦心が希薄になっている。社員

一人ひとりの創造性や挑戦的行動を喚起させ、次世代を開拓できる社風にしたい

これらの、ニーズに共通するのが企業が持つ「求心力」と「志＝ミッション」です。何によって、その組織に属する人々の心を束ねていくのか。どのようなミッションを実現するために多様な人材が集っているのか、その考え方と目指す姿を経営は明らかにする必要を感じているのです。

理念は企業の精神的資産

前述の通り、企業は営利を目的とする組織ではありますが、それぞれの企業にはこの事業を通して、社会やお客さまにこんな価値を提供したい、喜ばれたいという思いがあり、それを実現するために自分たち独自の基本となる考え方やルールというものが存在します。それが個人レベルではなく、社員全員に共通理解してもらい実践してもらう必要性を感じて、企業理念・社是・クレドという呼び名で公のものにしているのです。

自社がどのような考え方を持って、社会的な意義を果たそうとしているのかということを明らかにすることは、経営活動においての最重要課題とも言えます。

また、理念は言葉ですが、理念に一貫性をもった経営をしている会社では、目には

見えない精神的な資産形成ができているため、より大きな価値を発揮しています。
経営基盤を盤石なものとするためにも、これまで掲げている企業理念を時代に合わせて改めて読み替える、理念の浸透度合いや実践度合を検証する、あるいは刷新するための絶好のタイミングなのです。

歴史から理念を学ぶ

日常の仕事を行っている中で、理念について真剣に考える・話し合うということはほとんどないと思います。

一方で、周年では、企業の歴史を振り返るということが行われます。歴史を振り返ると言っても、過去の出来事を検証するだけでなく、そこから得た「学び」や「教訓」、それが会社の発展にどのような影響を及ぼしたのかというレベルまで深掘りできれば、周年は非常に貴重な機会になります。

そして、この機会を特定の人や部署に委ねるだけでなく、より多くの社員や関係者が追体験できる状況をつくりだすとさらに効果が拡大します。例えば、創業者や創業メンバーが在籍している会社では、そういった社員によってリアルな体験談に触れる、知るということもいいでしょう。あるいは、新製品・新サービスなどの開発に関わった人の体験談を通して、その開発プロセスの中から理念を実践しているということを知るのもいい方法です。それが難しければ、日常でそれぞれが信条として実践していることを考えてもらうのでもかまいません。

これらを行うことによって、歴史的に受け継がれてきた精神が「過去」のものではなく、「現在」にどうにつながっているのか、そして「将来」に向けてどのようにつなげていくべきなのか、各人の行動や会社の諸活動に活かせるものに拡大させていくことが、経営における理念継承の重要なポイントとなります。

以上のように、表面的な言語のみを継承していくのではなく、時代によってその言語が当事者たちにどのように受け止められ、どのように深化させることで、現在の諸活動に活かされているのかということが周年時に整理されることで、無形の精神的資産への変換が可能になります。

理念は掲げることが目的ではなく、日常で実践されることが重要

理念を浸透させるためには、その意味合いが正しく理解され、各人が納得するということが前提となります。社員の誰もが、「この考え方や行動は確かに大切なことだな」と思う状態です。

歴史のある会社の社是・企業理念は、言葉そのものに堅さや古さを感じるという声も聞かれます。その言葉が意味していることの重さも共有されているため、刷新する

ということはほとんどありませんが、若い世代にもより身近に理解されるものにする、入社したての人にもすぐに理解でき実践できる状態をつくるということも重要です。そのために、企業理念を読み替える、あるいは理念にもとづいたより日常的な行動基準や考え方を新たに制定するという取り組みも増えています。言葉を変える場合は、言葉の選び方や、頭文字で複数の箇条を覚えやすくするといった工夫も見受けられます。

このように、理念は掲げることが目的ではなく、それらが多くの人々に共有され、実践されることが目的であるため、より浸透しやすい状態をつくりだすということまで考えることが必要です。また、浸透のゴールはすなわちその企業ならではの社風・文化づくりということになるため、何らかの形にした、伝えたという単発的な活動では実現しません。

よく行われている「掲げる」「唱和する」というのは「認知」レベルです。誰もが共通理解できるように、冊子化して教育ツールにする、コンパクトにして携帯できるようにするというように、人材育成に貢献しやすいようなツールを周年を機に開発し、社内の様々なシーンで継続的に活用すると有効なものとなります。ツール関係については、4章の施策の部分で詳しく述べます。

理念の浸透が独自の企業文化を醸成する

理念が言語化だけでは意味をなさない理由、理念そのものの価値を共有することが重要な理由は、他にもあります。

聖書に、「人はパンのみにて生くるにあらず」という一節があります。私たちが働くということは、パン=物質を得るだけで満たされているものではありません。人によって満たされ方は違うでしょうが、自分が必要とされている充実感、世の中のためになっているという自負、お客さまに感謝される喜び、自分自身の成長の実感などの心的エネルギーが、自分の頭や体を動かしているのです。

理念が上層部から末端まで浸透している企業では、理念が社員の意欲を生み、最先端の現場で起こる様々な出来事に面したときの判断基準となり、そういった行動をとることの「当たり前化」が存在し、独自の企業文化を醸成しています。「ウチの会社では、こういうときこういうことを大切に考えるからこういう行動をとるのだよ」と社員に理解され、様々な場所で実践されてこそ、理念を掲げる意味を成すのです。

判断基準というと、マニュアルのようなものを思い浮かべる方もいると思いますが、マニュアルは様々なケースにおける手順・行動を明らかにしたものであり、一定の品質を確保するための手段です。一方、理念はマニュアルで網羅できない状況に遭遇したときに、人々に指針を与えるものとなります。

このように、組織に対する社員の求心力を高め、自発性を促す手段として「理念」があるのだという認識をもってほしいと思います。

（4）周年の目的2：企業の競争力を支える「リブランディング」

企業理念の明確化や浸透という段階の次に、それらが実際にどのように企業としての成長や競争力に結びつくのかという視点から、周年を機に「ブランド」を見直す、「リブランディング」という取り組みがあります。

企業ブランディングが重視される時代へ

近年、「ブランド経営」が、経営革新を促進するキーワードとして注目されています。企業のブランド力を向上させる多種多様な活動を総括して「ブランド経営」とここでは定義したいと思います。

ブランドというと、「中小企業の我々には関係ない」「最終製品を手掛けていない素材や部品メーカーが積極的に取り組む価値があることなのか」「ブランド＝広く知れ渡ることとなるとプロモーションに多大な費用が必要となるので、時期尚早。ウチには無理」など、ブランドと一言で言っても解釈のされ方はまちまちです。

ブランドの語源は、放牧されている多数の牛から「これはウチのウシ」と見分けがつくように焼印（ブランド）をつけた行為からきていると言われています。つまり、多数の同業者や類似した商品・サービスの中にあっても、すぐにわかる・選んでもらえる企業や製品の魅力が備わっている状態をつくりあげるということです。

ブランド力が高い企業では、そのブランドそのものが支持されており、他との比較ではない、絶対的な好感や信頼、期待といった理由で選択されるため、過酷な競争に巻き込まれることなく、高い収益性を保つことができます。

逆に、ブランド力が乏しい企業は、将来を託す人材を確保することが難しい事態にもつながります。会社の持続可能性に人材は不可欠なものです。

ブランド経営は、企業規模や事業内容を問わず、前向きな成長戦略として捉えることが大切なのです。

戦略転換が求めるリブランディング

企業名が広く知られている、ロングセラー商品を持っている、主力製品と主力マーケット・多数のお客さまを持っているなどという状況であっても、企業の不祥事、海外からの強力な競争相手の参入、ＩＴの普及によるライフスタイルの変化、個の価値観の多様化、自然災害などの想定外のことも含めて、どのような変化の波や脅威に襲われるかはわかりません。いまがどんなに良くても、会社の安定と永続性が保障されるものではないということです。そのため、企業は、いまの経営や事業からのさらなる成長の活路を見出し、「自らが変わる」「未知のマーケットに参入する」「新たな需要を創造する」ということを考え続けています。

そうなると、例えば国内マーケットから海外マーケットへの参入という経営戦略を打ち出すことになるわけですが、そこで浮上する懸念の一つに、「ブランド」に関することが挙げられます。この例でいうと、国内ではよく知られたブランドであっても、海外に行ったらその価値を感じてもらえない。そもそも社名そのものを聞いたことがない・覚えにくいという現実に向き合わなければなりません。また、国内を主としている企業が、新たに新分野へ参入しようとしても、既存の事業との距離がありすぎると、これまでのブランド力が効果を生んでくれるかどうかはわかりません。他にも、ブランドそのものがブラッシュアップされておらず、競合先の強化策により後塵を拝しており、気づかないところでブランド力を低下させているということもあります。

企業によって、求める成果は異なっているため、一律的にブランドをこうすればいいというものではありませんが、戦略を推進する上で、いまのブランディングで本当にいいのかという視点を忘れないことが重要です。グローバル戦略を見据えた社名やロゴの刷新、周年での新事業・新商品・新サービスの発表、業態進化によってそぐわなくなった社名の変更など、外向けの発信もあれば、それを実現する社員や協力先を喚起させる内向きの発信もあるでしょう。

周年だから何かをやるというのではなく、いろいろな立ち場の人の視点に立ってブランドについて思考することで、経営により寄与する新たな企画を生むことが可能となります。

周年事業でのリブランディングのニーズ

ここで、周年を機にブランド力を高めたい・見直したいという企業の実際の声を紹介します。

■これまでの古い・堅いというイメージを社内外共に払拭し、将来につながるブランド力を開発したい

■ロングセラー商品が自社ブランドとして定着しているため、新分野の商品が認知されにくい。自社の新しい取り組みをもっと多くの人に理解してもらいたい

■ブランドが「製品」「機能」という側面の理解に留まっている。会社そのもの、そこ

に集っている社員自身もブランドであるという認識をもってもらいたい

周年の目的として、いまをつなぐ「未来」を見せることが大事であることは理解できていると思います。自社ブランドを再定義するということは、将来に向けて自社が何を「強み」として、どのような「独自性」をもって、誰にどのように認知してもらいたいかを明らかにすることです。

時間をかけて営々と築き上げてきたネームバリュー・商品・サービス・ネットワークだけでは次世代に経営を継承するのが困難な時代です。だからこそ、ブランドを時代とともに磨きあげ、改めて自社のブランド力というものを考えることに価値があるのです。

リブランディングの方向性を明らかにするミッション

リブランディングを考える際に必要なこととして、その企業の「ミッション」を明らかにするということを私たちはお勧めしています。ミッションとは、その企業が社会の中で何を使命として受け止め、存在しようとしているのかを表したものです。

例えば、「モノを運ぶ機能で社会貢献する」というミッションから、「お客さまのロジスティクス戦略パートナーとして社会に貢献する」というミッションに切り替わると、新たな機能やサービスの開発といった事業領域の拡大が明確となります。「より良い家具を提供してお客さまに喜ばれる」というミッションから「インテリアを通してお客さまの快適なライフスタイルをサポートする」というミッションになると、多様なライフスタイルに応えるために情報量や扱い品の拡大、リユースサービスへと事業領域が広がります。飲食店も同じです。「おいしさと品質でお客さまの満足に応える」というミッションから「あなたの健康管理を支援します」というミッションになると、こだわりのポイントやメニューの開発が変わります。ミッションは、どこの企業にも存在していますが、それを明確に言葉にしているか否かはまちまちです。周年のタイミングで、新たなリブランディングにつながるミッションを発表し、その後、リアルな活動に結びつけていくという企業もあります。

リブランディングを目的においたときには、ミッションを明らかにすることによって「ウチの会社は何になろうとしているのか」「何をもって将来的にも世の中から必要な存在になろうとしているのか」ということが広く理解されるようになります。いきなりリブランディングを思考することが難しいと感じたならば、会社の中で展開している新たな取り組みや戦略的な課題を通して、ミッションの読み替えを行うことも有効なアプローチとなります。

リブランディングを周年事業で取り上げる効果とは？

リブランディングは経営と密接に関わるテーマであるため、どのタイミングでどのような発表を行うことが効果的なのかについて、経営判断が求められます。

リブランディングを大々的に行う場合、数年後に迎える周年を見越して、そこをゴールに設定し、「新たなことをスタートさせる」ということを事前に公表するケースもあります。また、周年をスタートとして発表するケースもあります。周年を基準に戦略は動いていないので、その企業によって発表するタイミングは異なって当たり前です。ただ、周年というタイミングをうまく絡ませることにより、その企業が持続可能性について、どれだけリアルに真剣に考えているのかというメッセージが伝わるという相乗効果が生まれます。つまり、企業価値を高めるためのブランディング活動の一環になるということです。

ある企業では、100周年を5年後に控えたタイミングでミッションの刷新を発表し、100周年時に実現したい自社構想を示しました。その進捗と効果性を定期的に発信することで広報活動にも連動させました。継続的に進化の過程も見せているため、業界や関係者にも大いに注目される状態をつくりあげることができました。これは一事例ですが、リブランディングは、最終的に新たな認知形成を図ることが目的なので、継続的な活動と現実的な仕事とをうまく融合させていくことが求められます。

地方創生が近年話題となっていますが、これもリブランディングと言えます。改めてその市町村の価値を問い直し、そこならではの強みや魅力を全面に打ち出して、そのための具体的な取り組みを継続的に行い、広く知ってもらうことで、将来を見据えた地域の活性化を狙っています。

ロングセラー商品でも、商品の周年に合わせて周年限定の特別バージョンを開発することにより、古いものの良さと、時代に合わせて進化しようという企業の姿勢がポジティブなものとして受け止められます。

このようにリブランディングは、会社の将来に向けた投資活動に該当するものなので、周年を成長起点としてうまく活かすことで、社内外に対するインパクトがより高まる状態をつくり出すことができるのです。

既存のブランド力を毀損させないアプローチを忘れずに

リブランディングをキーワードにその効果やアプローチについて、解説してきましたが、企業には従来のブランドへの信頼感が存在していることも忘れてはいけません。

ロングセラー製品・商品にも言えますが、変わらないことがその企業の絶対的な信頼感を生んでいるということもあります。

ホテル・旅館・和菓子・工芸品などが顕著な例です。こういう場合には、その歴史の中で、磨きをかけていることを明らかにして、愛され支持されてきた意義を再確認することが重要です。長い歴史を経てきたという事実だけではない、自分たちの価値を自覚すること、そして、支持してくれている方々への期待に応えるために、これからをどう生きていくのかという誓いを明言することも有効だと思います。

また、老舗といわれるところが新商品・新サービス・新業態に着手する際には、「守る」だけではなく、新しい試みが、価値を「拡大・進化」させるポリシーあるものであるということを正しく認識してもらうことが大切です。目先の利益を追っているのではなく、現在の事業を支えている基礎となる力・核となる力（コア・コンピタンス）があるからこその試みであることを広く伝えることで、既存のブランドを損なうことなく目的を達成することができます。

未来につながる企業ブランドを社内外に発信し、さらなる自社への信頼や愛着を生む、新しい関係性をつくりだすための絶好の機会として、周年事業を捉えてみてください。

(5) 周年の目的3：企業成長の源泉となる「社内活性化」

私が関わってきた周年事業の企画において、多くの企業が対象者として重視するのが「従業員」です。

社員とともに会社の周年を祝いたい・感謝したい、そしてこれからもこの会社で頑張ろうという気持ちになってもらいたいと思うのは、当然のことでもあります。また、近年働く人々の就業意識も大きく変化しており、大手企業・優良企業であれば人材は定着するという時代ではなくなっています。人材の流動化は至るところで起こっているのです。

企業にとって必要な人材に、この会社で働き続ける価値があるということを認識してもらう機会として周年事業を活かす、という視点で捉えていくといいでしょう。

社内活性化とはどういう状態なのか

社内が活性化しているかどうかの1番のバロメーターは、そこで働く人々の「元気」＝エネルギーです。元気は「気」なので目には見えません。けれども、私たちは働く人々の姿を通して、会社が活性化しているか沈滞化しているかを、肌で感じ取ります。わかりやすいのは、社員の表情・行動・声色です。笑顔でキビキビと行動し、闊達な挨拶や会話に満ち溢れている職場は、活性化していると感じます。

ただ、これは見た目の第一印象なので、社員の意識の実態が伴っているかどうかは別のことです。業種の違いによっても、活性化された状態は異なります。それでは、経営層が望む活性化された状態とはどのようなことを指すのでしょうか。例えば次のようなことが挙げられます。

■社員が、指示待ちでなく、主体的に仕事をしている
■所属する組織の中で、将来にわたっての、夢・やりがい・誇りを見出せている
■会社や共に働く仲間にとって、自分が必要であることがわかっており、認められている喜びが実感でき楽しく仕事をしている
■前向きな思考と行動に満ち溢れて、職場の雰囲気が明るく、会社や仕事に対する建

設的な意見がたくさん挙がってくる

活性化されている人材の多くは、「自分らしさ」を発揮でき、「自己成長」が実感され、その結果会社や仲間やお客さまに常に必要とされているという「存在理由」を理解しながら日々の仕事に取り組んでいます。各人の仕事ぶりが活き活きとし、そのような人に触発されて、活き活きの輪が拡がり、互いを認め、励まし合い、笑顔と活力に満ちた職場づくりにつながるのです。

いきなり、全社員が活性化するというのは、ハードルが高いなと思われる方もいるでしょう。けれども、業種・職種を問わず、社内活性化を経営の重要テーマの一つに掲げて取り組んでいる企業は、実際に多数存在しています。

周年では、通常とは異なるコミュニケーションの機会や全社事業への参画の機会を設けることができるため、活性化施策のスタートを切ること・活性化を増幅させることが可能になります。

周年だからこそできる新たな「場」づくり

周年事業は多岐にわたる内容となるため、多くの企業では「周年事業準備委員会」といった期間限定の公式的な組織をつくります。中には、総務や経営企画といった既にある組織内に組み込まれることもありますが、社内に「周年を全員で迎えよう」という意識づけをする意味では、公式的な組織を明示することが効果的です。

また、この組織は、一部署に偏らせることなく「横断型」のメンバーで構成することをお勧めします。それは、普段あまり関わりのない人と共通のミッションを背負って仕事をする・対話をするという機会そのものが、活性化を導くからです。

委員会の組織化だけで活性化につながるのかと、懸念を持たれる方もいらっしゃるかもしれません。しかし、周年事業で行うコンテンツは多様に存在します。その内容によって、委員会の下部組織として「分科会」「サブプロジェクト」などを設置し、参画者の拡大ができます。会社の周年をどう受け止め、どんな機会にしたいのか、社員とどのようなことを分かち合いたいか、こういったことを当事者意識をもってより多くの社員が考える、それこそが、活性化のきっかけになります。


委員会組織で社員の本音や同僚の意見を収集したり、自分たちがやりたいこと、知りたいことをまとめていったりすることは、準備段階でいろいろな機能を果たしてくれるようになります。周年の準備段階では、社員の関心を「会社」に集中させる機会、他部署の人々との「協働や連携」を深める機会、通常の仕事とは異なる自由な発想で「経営に参画」してもらう機会として、多様な場づくりを行うことが望まれます。多様な「場」

での活動が、社員の意欲に火をつけるきっかけになるからです。

「プランナー＝パフォーマー」にすること

周年の記念式典としてパーティーを開催する、周年の記念品や社史・ビジョンブックを配布するといったことは、よく行われることです。ところが、これらの実施後にアンケートや社員の生の声を集めると、企画準備サイドが想定した「社員の喜びや感動」とは異なる残念な結果となってしまうことが多々起こります。

例えば、パーティーの開催日程や会場の物理的な状況に関する感想（例：休日開催はやめてほしい、パーティー会場が窮屈、パーティーの食事の良し悪しなど）、記念品に対しての自分の嗜好や会社のコスト意識に関するコメント（例：センスがない、ここにお金をかけるなら○○の予算を増やしてほしいなど）は、社員ファーストで準備していた企画者にとっては残念な結果と言えます。企画した側として本来目指した、皆と楽しく価値ある時間を共有したい、普段接することのない社員とのコミュニケーションをとって楽しんでほしい、会社の記念日に社員同士で喜びを分かち合ってほしいという思いが届かなかったというケースです。

同じことを行っても、社員が喜び、楽しみ、一体感を実感し、大いに盛り上がる、といった嬉しい状況が生まれているケースもあります。

この違いは何なのでしょうか。最大の理由は、なぜ実施しているのかという目的が伝わっているかいないかということです。そして、その目的との関わりの実感がないまま、当日を迎えているならば、残念な結果になってしまうということです。

1つ目の、目的の共通認識を持つというのは、事前のコミュニケーションプランをしっかり計画に織り込むことで解決できます。なぜ周年を看過することなく、社員一同で向き合い、祝いたいのかという経営層や計画者の意図を理解してもらう。またその企画内容により多くの社員の意思や考えが吸い上げられ活かされているという状態をつくり上げることを目指してください。自分の気持ちを代弁してくれていることが実感できると、周年事業が他人ごとから自分ごとに近づくものになります。

伝え方のプロセスも大切です。一方通行のコミュニケーションでは、受け手にとってはインフォメーションのレベルです。コミュニケーションとは、双方でのやりとりがあり、共有されている状態です。また、共有レベルにもっていくためには、1度だけのアナウンスでは通じる内容は極めて少なく、時間の経過とともに忘れられてしまいます。記念式典の当日に、それぞれが目的を理解し、自分たちの会として受け止められている状況をつくりだせているかどうかがポイントとなります。

多少手間がかかると思われるかもしれませんが、数年に1度のイベントを価値あるものにするには、この手間を惜しんではいけません。社内に存在するコミュニケーションツール（社内報・イントラネット・SNSなど）やコミュニケーション機会（会議・朝礼・イベントなど）をタイミングよく活かしていくことで解決できます。

2つ目の目的との関わりについては、「参加」から「参画」型にどれだけ動員できるかということがポイントとなります。「参加」とは、誰かが準備してくれた状況に加わる状態です。「参画」は、自らの意思や考えがセットされて臨む状態です。社員が、計画から準備段階に関わることによって、参画のマインドは芽生えてきます。関わり方の手段は多種多様です。事前アンケートをとったり、公募型コンテストを実施したりするなどは、企画内容によって有効な手段となります。

また、当日のイベントの登壇者を増やすことも参画を体感する機会になります。仲間が登壇することによって、自分ごととして受け止める社員も増えます。プレゼンターや司会者、表彰やパフォーマーになってもらってもいいでしょう。要は、みんながその場をつくり上げているというリアルな状況で、参画が実感できるようにするのです。

このように、周年事業という日常業務とは異なる機会を通して、新鮮な気づきや仕事の面白さを体感する社員が増えることが、その後の職場の活性化につながっていくのです。

未来に対する期待感を共有することが活性化の継続性を生む

社内活性化は、一過性のものではなく継続性がなければ、経営の期待する状態にはなりません。継続性を生むためには、周年を節目にこれからの会社の成長に関係者自らの人生を重ね合わせて考えられる状態が必要です。

会社と個人の関係は、人により様々です。その関係性を一人ひとりに合わせていくのは困難ですが、自分の属する会社から、しっかり将来を見据えて、どうありたいか、そのために何をしたいかということを明確に示されたとき、関係性がより良い状態へ変化するということがあります。

自分の会社に好感を抱き、共に成長していこうという意志を確固としてもらうことが、これからの時代に必要な組織への帰属意識だと思います。その意志を確認する機会とするために、周年事業の中で現状と将来像、そしてこれからの道筋を示すことが大きな価値を発揮するのです。

「正」の強化を拡大する

最後に、社内活性化にとって大切なアプローチは、「正」の強化です。「正」とは、その会社が大事にしていることや考え方に対して努力する・挑戦するといった前向きな行動をした人や組織を「認める」ということです。その正なる行動がどのような成果をもって、社業に貢献しているのかを公に認め讃えることによって、その会社の基準となる考え方や目指す状態がリアルに理解されます。

公の場で、認められ、讃えられることは、表彰される当事者だけでなく、自分たちも次回はあのようになりたいという前向きな目標を設定することになります。目標に対して、その実現に向けて自ら頑張ろうと思うことは、健全な動機づけが働いている状態です。

全社員が頑張り大きく成果をあげたときには、きちんとそれを認め、讃え、その達成を喜び合えることも有効でしょう。何をもって報奨とするのかは企業によって異なります。物質的なものや金銭的なものに限定することなく、何が人々に喜びや達成感を与えるのかをよく考えて、自社に合った「良きものを認め合う」風土を根づかせることが望まれます。

第2章では、周年の目的を定めることの重要性や主となる目的について、解説してきましたが、企業は人と同様十人十色です。同じ企業は存在しません。繰り返すようですが、周年を迎えるときの自社の状態や外部環境によって、どのような目的がふさわしいのかは違ってきます。これが正解というものはないということです。だからこそ、そのときに合った目的をしっかり定めることによって、目的が意図する成果の有無が明確となり、その後の検証や活動へとつながるものになるのです。

第3章

実践①　周年事業のコンセプトメイキング

――臼井　弥生

(1) 周年事業はコンセプトメイキングからはじまる

コンセプトは道しるべ

周年を通じて、自社の成長の節目を自らがつくり出す意義や効果性を考えるとともに、代表的な3つの周年の目的を捉えながら、そのあり方を考えてきました。自社にとっての周年を、「理念の浸透を狙って企画しよう」「まさに自社ブランドを再定義するタイミングであり、周年とこの機会を結びつけよう」と、自分なりに、ありたい周年の目的意識やイメージがなされたことと思います。

そうして「よし、この目的を押さえた周年の具体的な施策や内容を検討しよう」と、さっそく企画の段階に入りがちですが、その前に、いま一度、経営的視点で組織の現状や将来を見据えたときに、周年のコンセプトはどうあるべきかを考えることが重要です。

「コンセプト」という言葉はよく使われますが、どのようなものだと捉えていますか？コンセプト（concept）とは、本来「概念」を表す言葉で、「全体を貫く基本的な概念」という意味で使われることが多いようです。（三省堂　大辞林より）

例えば、よく知られているのは、スターバックスのコンセプト、「第3の場所」です。

家庭でも、職場や学校でもない、もう1つの特別な場所が第3の場所です。コーヒーの味はもちろん、香りや音楽、家具選びから店員のお客さまへの接し方などすべてが居心地の良い、特別な場所になるようにという環境づくりがなされ、この「第3の場所」というコンセプトに、その空間も接客もデザインもすべてが一貫性をもってつながっています。

では、企業の中でのコンセプトとは何でしょう？　それは「企業理念」や「ビジョン・ミッション（使命）」です。これらは「我々は何のために存在するのか」という企業の存在意義を表す根幹をなすものであり、企業にとってのコンセプトと言えるでしょう。私たちがこのコンセプトを一貫して追求し続けることで、自社らしい企業文化や自社ならではの企業ブランドを創り出していけるのです。

周年事業でも、この「コンセプト」を定めることで、周年を自社にとって望ましい成長の節目にするポイントがわかり、さらに社内外の関係者の全員が一貫してその方向に進める共通の道しるべになってくれるのです。

この章では、周年事業を進める最初のステップとして、周年全体のコンセプトを定めていきます。周年のコンセプトは企業としての社内外へのメッセージ、すなわち経営のメッセージです。そのためには、少しいまの自分自身の視点を上げて、視野を広げてみることです。経営者の立場になって会社全体のいまや将来を考えたときに何が必要だろうか？　お客さまやお取引先さまの視点で自社を見てみるとこんな期待をされているのではないだろうか？　と考えてみるのです。すると自社らしい、自社にとって重要な「コンセプト」が見えてくるはずです。

この【図3-1】が、周年事業をプランニングする際の大きなステップです。

本章では、周年をどのように捉え、周年メッセージ・テーマをどのように打ち出すかを見出すコンセプトメイキングをしていきます。そして次の第4章では、このコンセプトにもとづいた施策を企画します。さらに、第5章では、これら周年に対して社員をはじめとする関係者全員が関心を持ち、「自分ごと」として協働するにはどのような推進プロセスの設計が必要かを考えていきます。

コンセプトからの〝一貫性・連動性〟が鍵

周年のコンセプトの有無で、それほどに周年事業のパフォーマンスは変わってしまうのでしょうか？

皆さんのまわりにも今年周年を迎えていて、社内外に「おかげさまで○周年」と周年のメッセージを発している企業は少なからず見当たるかと思います。そのメッセー

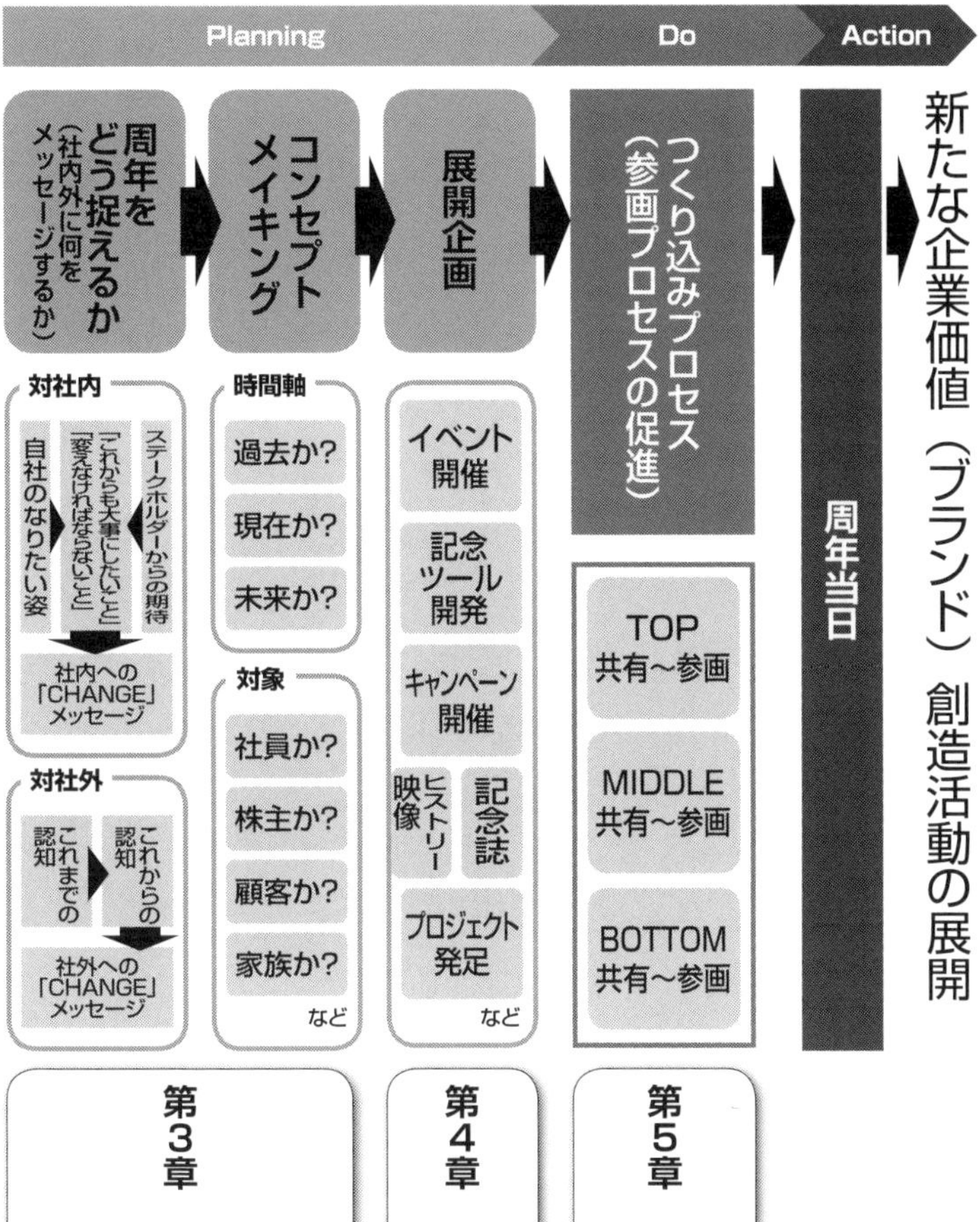

【図 3-1】 周年事業のプランニング全体像

ジの通りに、最近あの会社は変わったなぁ、いつも整備に来てくれるあのサービスマンからもその姿勢が伝わってくるなぁ、など一貫性をもって周年での企業メッセージや約束を私たちに示してくれる、証明してくれる企業もあります。その一方で、周年を迎えたということはCMなどでわかるものの、その後の企業姿勢やサービス・商品からその事実以上のものが何も伝わってこない企業が多いのも事実です。

その両者の違いは、周年事業の企画や展開プロセスを見てみるとわかります。前者には周年コンセプトがあり、後者には周年のコンセプトとなる方向性が明らかになっていないことがほとんどです。また、コンセプトがあってもすべての関係者と共有されて、すべての施策で一貫性をもって展開される体制ができていないということもあります。周年コンセプトを掲げても絵に描いた餅となっている企業では、多大な費用や時間をかけたのに、社員の成長やモチベーションを生む、あるいは社外に新たな存在価値を期待させるなどの経営効果にはつながっていないという、残念な結果を生んでしまうのです。

周年は一定の長い期間をかけて、社史なら社史、式典なら式典と、各部署・各担当が分業のもと企画を進め、担当者自身は一生懸命にその目的を果たそうと邁進します。しかし、それぞれの企画は制作、実施されたが、その対象となる社員やお客さまから見ると、何のための、誰のための周年だったのかが曖昧であり、その一瞬で忘れ去られてしまうということが多いものです。

それぞれが別々のシナリオをもち、別々のスケジュールのもと展開するのではなく、周年という全体のシナリオとその実現に向けたロードマップ（実行計画）を、関わる人たちが共通に持つことがその大きな打開策です。かかわる人々がまず「周年コンセプト」を共通に理解することが大切になります。

そして、周年事業を捉える上で必要なもう1つの視点があります。

これまでお伝えしているように、経営活動は周年という節目だけにかかわらず、日々、継続的に行われ、社内外の様々な環境変化に適応するかたちで繰り広げられています。そのため、その中長期的な経営活動の長いサイクルの中で、あるいは社会や株主などあらゆるステークホルダーとの関係性の中で、経営活動そのものにとって今回の周年という節目をどう位置づけるべきかが大切です。周年は周年として存在するのではなく、経営全体の中に存在するという位置づけを明確にする上でも、「周年コンセプト」を定め、その他の組織活動とうまく連動させながら展開していくことが大切になるのです。

そうすることで、企業活動そのものの成長軌道に周年という大きな節目をうまく乗せることができます。

「このコンセプトを押さえれば必ずうまくいきます」「このポイントを盛り込めば周年のパフォーマンスはきっと上がります」というものはありません。仮に最終的な周年テーマ（ワーディングした全体メッセージ）が他社と類似なものになっていたとしても、そこに込められた背景や意味合いは会社それぞれで違います。なぜならその会社の置かれている環境も育ってきた生い立ちや重ねた経験もそれぞれ違うためです。さらに事業を拡

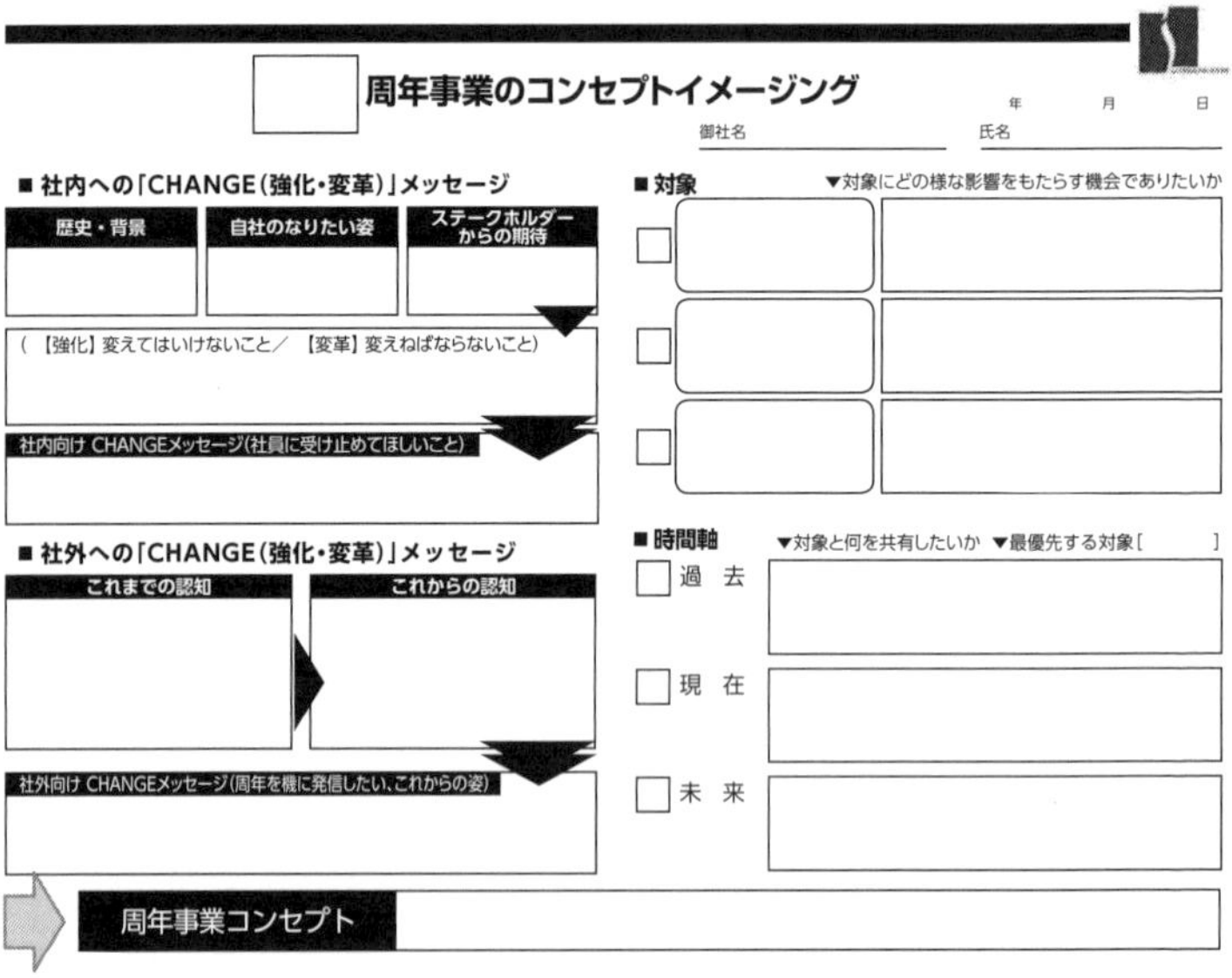

【図 3-2】 周年コンセプトワーク

大していきたいという成長戦略を描いているところと、厳しい経営状況に陥っているところとでは、目指す方向性が異なることは明らかです。

これから、ステップに沿って、コンセプトを導くためのワークをしていきますが、そこに正解はなく、会社全体について、あらゆる立場・視点から深く・広く洞察しながら導いていくことが重要です。

以下のコンセプトワークのプロセスを周年実行委員会で検討するのもいいですし、経営層と話し合い、共通認識を図るためのツール（道具）としても活用できます。

(2) STEP1. 社内・社外へのCHANGEメッセージを捉える

社内へのCHANGEメッセージを捉える観点

それではコンセプトメイキングの最初のステップに入りましょう。最終的には、自社の周年は社内向けと社外向けのどちらに重きを置くか？　ということを明らかにしますが、企業は内部環境と外部環境の両方の環境によって生かされ、それぞれに適応していくことが必要不可欠です。そこで、周年においても、この両方の視点からその目的を捉えていきます。

また、社内に向けた、あるいは社内発信のインターナルブランディングと社外に向けたアウターブランディングが両輪となって、持続的かつ進化性のあるブランド創造が可能になるように、周年においても社内と社外のそれぞれへのメッセージやアプローチはいずれも重要になります。

周年を通じて、社内に対して、あるいは社外に対して、どのようなメッセージを発することが重要なのでしょうか？　そのメッセージがコンセプトの鍵となります。さらに、コンセプトは、そのメッセージを、何をもって、どのように発信・共有するかを企画していく際の骨子になります。

それでは、まずは社内向けのメッセージから考えてみましょう。

自分たちの歴史や背景、なりたい姿をベースにしたときに、ここは時代が変わっても変わらずに大事にしていきたい、ここは旧態依然としていて、将来性や健全性を考えると変えていかないといけない、といったことは何でしょうか？　それらを見つめることで、社内のみんなで共通認識を持ちたい、実感したいメッセージが見えてくるはずです。

ここで、あえて単なるメッセージではなく、「ＣＨＡＮＧＥ（強化・変革）メッセージ」としていることに着目してください。これは、いずれのメッセージも、対象者や発信者の何らかの「変化」を促すものである必要性を示唆しています。

自分たちの創業時から守ってきた精神であっても、企業を継承し続けるためには、その理念の解釈を時代の変化とともに読み替えるなど、新たな行動や意志が必要になります。そのため「維持」でなく、「強化・変革」というＣＨＡＮＧＥメッセージとなります。

社内であれば、社員の皆さんの変革や成長を期待するメッセージとして投げかけていくことが、組織全体の成長の節目・起点としての周年につながります。

【図3-2】（76ページ）に沿って、社内へのCHANGE（強化・変革）メッセージを見出していきましょう。まずは、①歴史・背景 ②自社のなりたい姿 ③ステークホルダーからの期待、の3つの観点で経営の視点に立って捉えていきましょう。

① 歴史・背景

会社の歴史全体は、年表を見ればいいのですが、いまの組織の企業文化・風土に良くも悪くも影響を与えている独自の経営スタイル、あるいはこの近年の大きな経営の転換要因となるトピックスなどについて確認します。このようなキーとなる内容を3～5つ程度箇条書にしてみましょう。ここから、④の変えてはならないこと・変えなければならないことの、両面のポイントが見えてきます。

（例）

＜経営スタイル・姿勢・精神＞

・創業社長による強いリーダーシップ

・ベンチャー精神　など

＜近年の経営トピックス＞

・直近の社長交代（世代交代の気運高まる）

・○○と合併

・株式上場

・相次ぐ不祥事　など

② **自社のなりたい姿**

長期的に自社が目指している姿や方向性を確認します。それにより、周年を機に、どのような方向性への変革や成長が期待されているのかがあらためて見えてきます。つまり、自社のビジョンやミッションがそれにあたります。それらのキーとなるポイントをここでは記述しましょう。

（例）

・○○業態への変容

・業界No.1の○○○○企業へ

・グローバル企業への成長　など

③ ステークホルダーからの期待

①と②は、自社の中のことですが、社外からの期待をあわせて認識することも重要です。この場合のステークホルダーとは、顧客・マーケットや社員ではなく、直接的に自社の経営に影響を与える存在である株主や親会社、業界団体を指します。経営の自立性を担保する上でも良きパートナーとして認知されることが重要となり、ここからの期待を得ることは大切です。

(例)

・経営品質の向上
・成長戦略の明確化
・グループ中核会社となる　など

④ 変えてはならないこと（強化）／変えなければならないこと（変革）

①から③をあらためて確認したところで、CHANGEメッセージにつながる切り口を明らかにしていきます。ここで大事な視点が、「変えてはならないこと」「変えなければならないこと」です。

「変えてはならないこと」は、①の歴史・背景を振り返った際に、あるいは、

②自社のなりたい姿や③ステークホルダーからの期待に応えるためにも、ここは時代が変わろうとも大事な精神・強みとして残していかなければならないと思うことを考えてみましょう。

「変えなければならないこと」は、②の自社のなりたい姿の実現や③ステークホルダーからの期待に応えていくためには、こんな考え方や捉え方をしてみては？　この企業風土や行動様式を変えるべきでは？　などと思うことを自分の言葉でわかりやすく表現します。

つまり、いまや過去を基準にするのではなく、「将来」を基準に見たときに、この2つの観点を考えることが大切になります。

（例）

変えてはならないこと（強化）…自由と責任の精神、お客さま密着主義

変えなければならないこと（変革）…個人主義から透明性あるオープン経営へ

⑤ 社内に向けたCHANGEメッセージ（社員に受け止めてほしいこと）

④をもとに、社員の一人ひとりに伝えたい・伝わってほしいＣＨＡＮＧＥ（強化・変革）のメッセージを表現します。周年を通じて一貫して伝えていく、これが言わば経営から全社員へのメッセージとなります。変革や成長のポイントが自社の社員にわかりやすく伝わり、一人ひとりの心に響くメッセージになることが望ましいです。

もちろん、このＣＨＡＮＧＥメッセージだけで社員に伝わるものではなく、その意味合いや広がりは、周年の様々な事前や当日の活動を通じて、なるほどこういうことか、と腹落ちするものになります。

（例）

・自社らしさに気づき、個別でなくグループ全体で進化・成長する組織へ
・これからの１００年を創造する礎に社員一人ひとりがなろう
・内部の改善から社外への変革へ大きく舵を切ろう

いかがでしょうか。この社内へのＣＨＡＮＧＥメッセージを明確化するワーク（演習）

は、日常的に行う経営との情報共有の密度や問題意識の共有度によって、見出せる度合いが変わってきます。不足していると思われる観点や項目については、これを機に、あらためて経営に精通した方々への社内ヒアリングを行い、メッセージの切り口を明らかにしていくことも大切です。

社外へのCHANGEメッセージを捉える観点

次に社外へのCHANGEメッセージを見出していきましょう。

これは、アウターブランディングの側面で見たときに、社外に対して発信していきたいこれからの姿をメッセージ化するのです。自社の事業そのもの、サービス・商品・価値を提供しているお客さまやマーケットや社会全体に対して、周年を機会に、どのような約束を自社が全社員を通じて果たしていくかを、明らかにするのです。

① これまでの認知

自社は現在、既存のお客さまや協力会社からどのような存在として思われているのでしょうか？　これまで自社がコーポレートメッセージとして発してきたものの影響もあるかもしれません。社外アンケートの結果やよく言われる言葉など社外の生の声も重要です。うちの会社の社名を言ったらお客さまはこういう第一印象を思い浮かべるはず、といったものもあるでしょう。抽象度が高いイメージや業態を表すものなど、様々な観点から自社の認知や特徴を客観的にみてみましょう。

（例）

・○○業界の老舗としての安定感
・「ノー」と言わない会社（無理もきく）
・○○メーカーの販売子会社

② これからの認知

これからの認知は、社内へのCHANGEメッセージの②「自社のなりたい姿」を見据えたときに、これまでの認知がどのように変わってほしいか？ということを社外からの言葉として表現します。提供する価値が拡大することで、社外の人たちからの存在価値が変わることもあります。認知を得る対象も、既存のお客さまの場合もあれば、新たなお客さまからの視点の場合もあるかもしれません。①の「これまでの認知」がどのように拡大・転換するのか？　という視点で描いていくことも大切です。そのためには、自社の事業を取り巻く外部環境や市場の変化と、それによる自社への期待の変化を考えてみましょう。

③のCHANGEメッセージはこの認知につながる約束や宣言になります。そのため雲を掴むような遠い将来の変容ぶりではなく、この周年から5～10年先の時間軸で、その姿に向けた取り組みの対象となる社外の方々に、約束できるところに着地点を定めることです。

（例）

・常に時代を先取りする○○分野のパイオニア
・新たな働き方を提案してくれる会社
・移動手段から豊かな暮らしのナビゲーター

③ 社外に向けたCHANGEメッセージ（周年を機に発信したい、これからの姿）

これまでの認知としての企業価値やお客さまとの約束を大事にしつつも、

さらに②これからの自社がお客さまやあらゆる社外の人々からそう見られたい、期待に応えたいという「これからの認知」を実現するための、社外に示すＣＨＡＮＧＥ（強化・変革）のメッセージを表現します。ブランドメッセージとも相通じる、周年を機にした、自社のお客さまとの新たな約束のメッセージがこれになります。

(例)

・あなたのライフスタイル創造パートナーになりたい
・モノづくりのあたらしいを創り出す
・ＩＣＴを通じてお客さまの豊かな未来創造に貢献します

社外へのメッセージについては、自分たちの主観や限られた情報から思考するのではなく、お客さまからの直接の声をしっかり掴む、あるいは、その声を耳にし・目にしている社員の声をもとに具体化することが大切です。

ですが、これからの認知については、いまのお客さまも気づいていない「潜在的な欲求や思い」であることが多く、お客さまから聞いた声をそのまま捉えるわけではありません。例えば、自社の目指す姿（長期ビジョン・ミッション）やブランドステートメントやタグラインに、将来ありたい認知が描かれている場合が多いものです。その意味合いを深く・広く理解しながら、抽象的ではなくお客さまに直接的に響く・届くメッセージに変換していきましょう。

（3）STEP2. 周年事業の「重点」を明らかにする

社内・社外へのCHANGEメッセージが明文化されました。自社の周年の位置づけや周年をきっかけにした成長や変革のイメージが、だいぶ見えてきたことと思いますが、まだ曖昧な面もあるでしょう。

社内と社外、どちらに対しても重要な周年とは言っても、いまの自社の組織の状況を踏まえると最も重視すべきなのはどちらなのでしょうか？　限りある組織のリソース（人・物・金・時間など）を効果的に活用しパフォーマンスをあげるためには、対象の優先度を決め、各施策が誰に焦点をあてたものなのかを明確にしていくことが大切になります。

ありがちなのは、周年事業の施策が具体化し、それごとに役割分担がされて準備活動を開始したものの、上層部や多方面からの指摘や要望が入り、結果として誰の何のための施策なのかがわからなくなるという失敗です。「あれ？　このパーティーはお客さまのためなのか？　社員が主役のものなのか？　何なんだろうか？」というように、対象や目的が散漫になってしまい、結局、参加者にも何も伝わらずに終わってしまうということもあります。

もちろん、周年の対象は、必ずしも限定しなければならないというものでもありません。複数の対象はあるものの、どこを優先すべきで、この施策はどこを対象に何を目的に行うべきものなのかを企画・実施のいずれの段階でもぶれずに、一貫して取り組むためにも、しっかりと対象を位置づけることは大事なステップです。

「対象」の明確化と優先順位づけ

では、自社の周年にとっての「対象」となる相手とはどこなのでしょうか。次に優先順位を決めていきましょう。

①　まずは、自社の周年にとって考えるべき「対象」を複数挙げてみましょう。以下のように社内・関係者向けと社外向けが考えられます。また、ひとえに顧客といっても、BtoBの事業を行っている会社など直接の顧客と、間接の顧客（エンドユーザー）とを分けて捉える必要があるかもしれません。また、いま見えている既存顧客を対象にする場合と、市場全体を含めた潜在顧客を対象と捉える場合もあると思います。周年におけるアプローチが異なるであ

ろう対象先は、分けておいた方がいいでしょう。

・対象例…

＜社内・関係者向け＞・社員　・グループ会社　・組合員　・社員の家族
・OB・OG　・協力パートナー　・株主など

＜社外向け＞・顧客（既存・直接）・顧客（潜在・間接・エンドユーザー）
・地域社会　・マスコミ

②

対象は3つ程度に絞り、その対象に対して、「どのような影響をもたらす周年機会でありたいか」を明らかにします。ここでは一般論で描くのではなく、その前で明確にした社内・社外へのCHANGEメッセージとのつながりや連動を意図しながら、この対象にはどのように理解・実感・行動変容してもらう周年機会でありたいかを、具体的に表現していきます。

(例)

◆CHANGEメッセージとの連動性・一貫性ある対象への得たい状態の例

社内向けCHANGEメッセージ

…自社の強みを実感し、新しいことへ挑戦する組織へ

対象：社員（どのような影響をもたらす周年機会でありたいか）
…自社がいままでどのような仕事をして成長してきたかを知り、新しいことに挑戦する意欲・モチベーションを上げる機会にしたい
↓

③ 対象の中での優先順位をつけましょう。前述の通り、限りある組織のリソース（人・物・金・時間など）を効果的に配分し活用する上でも、また、周年を、経営活動においてどんな変革や訴求をもたらす機会にすることが最善であるかを明らかにする上でも、対象の優先順位をつけることは重要になります。

ここが経営者の認識と異なったままに進んでしまうと、事務局や実行委員会の取り組みと経営側の意思決定の間に齟齬が生じやすく、一貫した経営パフォーマンスが得づらくなります。また、この優先順位は、対象別の施策の予算配分とは必ずしも一致しません（社外向けのプロモーション費用が予算上は最も多くても、最重視する対象は社員である場合など）。周年に関わる関係者がそのような勘違いをしないためにも、自社の周年での対象の優先順

位を明らかにすることは大切です。

「時間軸」優先順位づけ

周年のコンセプトを明らかにする上では「時間軸」も重要です。そもそも周年は、その名の通り、創業からの企業活動の年数を「○周年」として捉えるもので、いわば「時間軸」を活用した経営の節目づくりです。今回の周年記念日前後を「現在」として、それ以前の自社の歩んできた道のり・歴史を「過去」、そして周年を節目としたその先を「未来」とした3つの時間軸を捉え、それらが今回の周年目的に沿って連動し、メッセージを発し・企画を組み立てることが重要になります。

これらの「過去」「現在」「未来」は、どれを重視すると望ましく、どれを重視すると反対に望ましくないということはありません。なぜなら、この3つは必ずつながっており、自社の周年にとっていずれも欠かすことができない要素だからです。

それでは、「過去」「現在」「未来」のそれぞれの時間軸ごとに、重視する対象と何を共有したいかを明らかにしていきましょう。

周年における「過去」「現在」「未来」のそれぞれで、捉える・共有するポイントは以下の通りです。

「過去」…自社の歴史や生い立ち、これまでの軌跡を通じた、いま・これからに通じる精神性や価値観、自社らしさなどを共有する

「現在」…いまの自社の定性的・定量的な両面の成果・成長、社内外からの企業価値や認知を共有する

「未来」…過去・現在の自社の企業価値や成長を認識した上で、目指す企業像の共有や推進意欲を高める

「過去」「現在」「未来」はすべてつながっていると言いましたが、例えばこのようなことです。「現在」の企業価値や企業認知は、「過去」の様々な企業活動や取り組み、重要な意思決定によって築かれています。これまでの取り組みや変遷（＝「過去」）を知って、いまの成果や認知（＝「現在」）を確認することで、自分たちの成長や進化を皆が実感できるのです。

また、「未来」については、いきなり大きな方向性（長期ビジョンなど）を示され

ても、なぜ自社がそこへ向かおうとしているのかが理解できないことが多いものです。しかし、そのようなビジョンに向かえるだけの自社の成長・進化・強みがあるからこそ、次のステージに向かえるというふうに捉える、つまり、「過去」や「現在」あっての「未来」であるというつながりを共有できると、そのビジョンの意味合いが理解でき、実現の意欲が高まります。

では、「時間軸」のワークを行っていきましょう。

①時間軸ごとに、重視する対象と何を共有したいかを記述します。

（例）

ある会社の「過去」「現在」「未来」の共有したいイメージ

過去…これまでも創業時の精神は冊子化され受け継がれてきたが、もっと深く、多くの人（お客さま）もわかるようにしたい

現在…新体制になっても改めて受け継ぎたい理念を、いまの時代にあわせて読み替え、今後の指針としたい

未来…新社長体制を実現するビジョンを全社員で共有し、一体感やスピードを高めたい

②３つの時間軸の優先順位をつけましょう。

社内外のCHANGEメッセージ、特に、今回の周年で重視する対象を捉えたときに、その方々に関心を寄せてもらうべきところは、「過去（理念・精神）」なのか？「現在（いまの企業価値・認知）」なのか？「未来（ビジョン・未来のあるべき姿）」なのか？という視点を持って、優先順位をつけます。できれば、「過去」「現在」「未来」の優先順で、メッセージの共有プロセスや展開のプロセスがストーリー性やつながりをもって説明できるものになっていると、現実的・具体的なイメージができていると言えるでしょう。

まずは、優先順位が1番の対象（社員、顧客、株主など）で考えてもらいますが、対象ごとに優先順位や共有イメージは異なる場合がありますので、自社で挙げた対象それぞれに対して、時間軸の優先順位や共有イメージを考えてみることも大切です。

この時間軸が明らかになっていると具体的な施策やその展開の段階で施策ごとの目的がぶれることなく実行できます。例えば周年社員総会では「過去」「現在」「未来」

のすべてに触れながら「未来」への変革イメージを特に実感できる機会にしよう。その上で「過去」に焦点を置くための施策として記念誌を編纂し、ここで共有のポイントが図れるような編集にしよう、というように、施策の焦点や狙いを持った展開ができ、その効果も高まるのです。

（4）STEP3．周年コンセプトをワーディングする（＝周年テーマ）

さて、ここまでのコンセプトメイキングの演習を通じて、自社の周年で特に重視したいポイントや周年事業で行っていきたいことのイメージが膨らんできたのではないでしょうか？

コンセプトメイキングの最後の演習は、これをワーディング（言葉にする）していくことです。

なぜ、ワーディングが必要なのか？

企業には、その企業固有の「共通言語」というものがあります。その企業ならではの造語、あるいは言葉自体は既存のものでもその企業ならではの解釈がなされているもの。そして社外の人には意味が通じないことが多いが、その企業の社員ならば全員がよく口にし、その意味することを理解し、職場での日常の様々な場面で、そのことが自然に実践されているもの。それが「共通言語」です。

その共通言語が、企業理念やクレドなどの行動規範・価値観そのものであると素晴らしいのですが、そうではなくてもその理念や精神を踏襲した行動や考え方が共通言語になっている場合は多くあります。

例えば、トヨタ自動車には、世界中から学ばれているトヨタ独自の「改善・カイゼン」があり、その精神や行動は有名です。「三現主義（現場・現物・現実）」や「ムリ・ムダ・ムラ」も共通言語として社内に（この場合は社外にも）浸透し、実践されており、共通言語化が効果的になされている好例と言えます。

共通言語があると、そのことを説明しなくても、その言葉を発するだけで、その背景も含めた意味することが互いに瞬時に共有され、より深いコミュニケーションをとることができるのです。

共通言語化することの価値が認識され、経営層やマネジメント層が意図的に活用、発信している企業もあれば、ほとんど存在すらしない場合もあります。共通言語があるということは、一つの組織として同じ価値観や精神をもって行動できている状態です。それが、周年事業においてもとても重要になります。

周年における共通言語となるものが、ここまでのコンセプトメイクで具体化してきた社内外へのCHANGEメッセージや、共有したいポイントなどを一言に表現した「周年テーマ（会社によっては周年スローガンや周年キャッチコピーなど）」です。

共通言語としての周年テーマですから、そのワーディングした周年テーマが、ただ言葉として存在するだけ、というものでは意味がありません。その対象となる社員や顧客などがその意味するところをわかる、想像できる、そして自分のこととして考えられることが大事なのです。


また周年テーマとしてのワーディングがされると、同時にビジュアル化もしやすくなります。CIでも、理念の意味するところをVI（ビジュアル・アイデンティティ）として、色やマーク・モチーフなどでビジュアル化するように、周年テーマの意味を包括したマークやイメージをビジュアル化することで、周年イヤー（事前活動・当日など周年に関わる期間）全体を通じて、対象者の関心がそこに集中するという効果をもたらします。

周年テーマ　ワーディングのポイント

それでは、いよいよ「周年テーマ」としてワーディングしていきましょう。

これまでで具体化した社内外へのCHANGEメッセージが、重視する対象にきちんと伝わる・響くものであれば、周年テーマとしてどれが良くて、どれが良くないということは正直ありません。ですが、周年イヤーでは、常にこのテーマを社内外に発信し、あらゆる社内外メディアに掲示するため、テーマとしてふさわしい表現であるかという点は押さえておく必要があります。

その上で以下をチェック項目にしていくと、自社にとって望ましい周年テーマのワーディングができることでしょう。①〜③が表現の仕方について、④〜⑥がコンセプトとの連動性など内容についてのチェック項目になっています。

＜周年テーマのワーディング　チェック項目＞

①呼びやすいもの

皆が呼び合う、普段から伝え合う言葉です。そのためあまり長いものや、語呂が悪い、言いづらいものではなく、耳障りよく、呼びやすいものという視点は重要です。

②堅すぎないもの

①にもつながりますが、CHANGEメッセージの内容は経営者が発するような表現であっても、テーマにしたときには「価値創造」「〇〇の確立へ」などといった難解で堅い言葉にはならないようにします。対象は、社内なら新入社員を含めた全社員であり、社外ならあらゆる世代のお客さまがいます。そのため、言葉を聞くだけで難しそうだな、

嫌だなとなると、どうしても周年そのものが受け入れがたい、自分とは関係ないものとなってしまうからです。

③自社にあった言葉・表現

例えば、英語表記で「NEXT STAGE」というのがいいか、日本語表記で「次のステージへ」というのがいいか、それはその企業や対象者の普段使い慣れている言葉や言語によります。また、表現も知的な表現、くだけた表現、かっこいい表現、素朴な表現など、その企業や対象に合った受け入れやすいものにしていくことが大切です。逆に、あえてこれまでとの変化・変革を意図して、普段とは異なる表現をするという場合もあります。

④意図・ねらいが伝わるもの

コンセプトメイキングで具体化したCHANGEメッセージや共有したいイメージなどが、このワードに込められているかは必要な観点です。すべてを伝え切ることは難しいですが、シンプルだけど意味が包括された言葉が見出されるのが望ましいです。

また、テーマだけにそのコンセプトにある意味やメッセージを込めるのは難しいので、メインテーマとサブテーマを併用するという方法もあります。例えばメインテーマは「Creators」、サブテーマは「未来を創るのは私たち」というように併記することで、そのメッセージがより伝わるものになります。

⑤期待や希望が膨らむ前向きなもの

例えば、周年を厳しい状況下で迎える場合や、周年にあたり、これからの変革にむけて危機意識を持たせたいという場合もあるでしょう。ですが、テーマそのもので危機感や切実感を煽ると、どうしても人はネガティブな思考や発想になってしまい、前向きな挑戦ができなくなるものです。お祭りのような表現は望ましくないですが、共に乗り越えることでその先の未来がイメージされるような、期待感や希望が持てる表現にすることが望まれます。

⑥CHANGEのポイント、行動や変化を喚起するもの

周年コンセプトで具体化したように、周年をあえて経営の意図で行うということは、周年を節目とした何らかの「変化・成長」のきっかけを創りだすという目的があります。そのため、CHANGEメッセージにはその意味合いが込められていると思われますが、テーマとしても、できるだけ能動的な対象者の参画や行動変化を促す表現にすることが望まれます。例えば、「未来へ」とするよりも「私たちが創る未来の○○（○○は社

名)」とすると、未来の新たな会社づくりの主役であり推進者は社員一人ひとりである、という能動的なメッセージになります。

以上がチェック項目です。①～⑥すべてを網羅することは難しいと思いますが、参考にしながら、最終的には自分たちが納得できる・腑に落ちるテーマにブラッシュアップしてみてください。

(5)〈目的1　企業理念・意義の浸透〉でのコンセプトメイキングとは？

コンセプトメイキングのワークで、次のような内容を考えた場合、この目的への関心度が高い傾向があります。

・社外よりも社内へのCHANGEメッセージの方が、よりリアリティや問題意識が高く描かれている
・「対象」の優先順位として、「社員」が1番に挙がっている
・「時間軸」では、「過去」の優先順位が高い

2章で述べたように、周年でこれらの目的を重視することによって、歴史的に受け継がれてきた精神を「過去」のものではなく、「現在」につながっているものとして確認し、そして「未来」に向けてどのようにつなげていくべきかということを見直す機

会になります。そして、それを各人や企業の諸活動へと落とし込む、この活動の積み重ねが自社独自の普遍的な企業文化となります。

この目的における自社の周年の位置づけを、次に挙げる2つのどの側面に置くかを明らかにすることが、コンセプトを定める際に大切であると考えています。

「浸透・継承」か？「読み替え・創造」か？

この2つの違いは何でしょうか？

「理念の浸透・継承」は、文字通り、様々な要因から薄れつつある、理念や創業者精神、自社らしい考え方、行動規範などをあらためて共有し、受け継いでいこうとするものです。あわせて、これまで理念として明文化されておらず、周年を機にあらたに制定するという会社もまた、こちらの浸透・共有の段階と言えます。具体的な活動や施策は第4章以降で取り上げます。繰り返しますが、周年を機にあらためて歴史を振り返り、それぞれの節目ではどのような「学び」や「教訓」があって、それが会社の発展にどう影響を与えていったかを辿ることが多くあります。これにより、その当時を経験していない社員も追体験し、なぜこの理念や精神を大事にしているかの意味づけが深まるとともに、自社らしい考えや行動がとれる社員が増えるきっかけになります。

もう一方で、「理念の読み替え・創造」が必要な時期にある会社もあります。これは、自社を取り巻く環境が時代とともに大きく変化し、ビジョンやミッションの方向性を大きく転換・拡大する場合などは、理念そのものは変えずとも、その解釈を変えて、これまでの考え方や思考の枠組み、行動様式を変革・拡大する必要があります。例えば「お客さま第一」という理念をもつ企業が、これまでは「お客さまの声は絶対であり、いかに即応できるかが大事」という解釈や行動であったものから、ソリューション企業への転換を図ると、今後は、その解釈や行動も「お客さまのニーズやウォンツを、先を見て、こちらから提案することが大事である」と変わっていかなければなりません。

この理念の解釈を時代の変化に合わせて変えていくことを、私たちは「理念の読み替え」と呼んでいます。理念を行動規範や価値観として具体化した「クレド」という形で策定する場合も同様です。周年は、変革・成長の節目であるためビジョンを刷新するタイミングとなる場合も多く、理念の浸透のみならず、この理念の読み替えが必要な場合も多くあります。例えば、私たちはこの理念の読み替えを、理念を自分たちで広げ、創造していくという意味を込め「理念創造ワークショップ」と名づけ、周年事業の一環として組織横断プロジェクトで展開しています。

この周年では、理念のいまの意味・解釈そのものをしっかりと全社員で共有し、組織の一体感や求心力を高めることが重要なときなのか、その解釈を変え共有することが重要な時期なのかを、もう一度コンセプトメイクのワーク全体を見渡しながら考えてみましょう。

(6)〈目的2 リブランディング〉でのコンセプトメイキングとは？

コンセプトメイキングのワークで、次のような内容を考えた場合、この目的への関心度が高い傾向があります。

・社内よりも社外へのCHANGEメッセージがこれまでの認知から大きく転換され、具体的に描かれている
・「対象」の優先順位として、「お客さま」など社外の対象者が上位に挙がっている
・「時間軸」では、「未来」の優先順位が高い

これらのコンセプトとなった場合、リブランディングの周年において、テーマが社内向けと社外向けの両方に向けて2パターンある、あるいはテーマは1つでも、サブテーマとなるメッセージやねらい・共有したいイメージが社内向けと社外向けで異なっ

ている、というものになります。

「プレゼント・プッシュ」か？「フューチャー・プル」か？

まずは、主に社外向けの場合です。「プレゼント・プッシュ」と「フューチャー・プル」という考え方は一般的には戦略策定の際に活用される視点ですが、リブランディングを考える際でも、この視点を持つことで、自社としての周年のあり方が見えてくるはずです。

プレゼント・プッシュは、「現状を起点にこれからを導く」という視点です。つまり、自社のいまのブランド価値をこれからの時代の変化に適応させながら浸透させ、進化を生み出すブランディングを目指すことです。例えば、虎屋は、伝統や独自の精神を重んじ、「変わらないブランド」としての普遍的な安心感をもたらしながらも、TORAYA CAFÉなど時代の変化にあわせた新しいブランドも同時に発信しています。

フューチャー・プルは、「未来を起点にしていまを引き寄せる」という視点です。自社のいまのブランドや強みをいかに展開するかの視点から入るのではなく、数十年先の未来社会を見据えたときに自社が果たすべき役割・存在価値はどうあるべきかを描き、その未来のありたい姿を起点にいまのブランドを変容・拡大していくものです。例えば、セコムのショールームではコンセプトを「MIRAI」とし、商品実機を1台も展示せず、安心・安全な未来の社会や暮らしにおける自社の貢献や役割をリアルに体験できるものにしています。

自社にとって必要なリブランディングの方向性はどちらでしょう？　その方向性を踏まえ、周年での社外へのメッセージを明らかにしていくことが大切です。

ブランディングは「社内」向けの準備があってこそ

新たなブランディングを日常の様々な企業活動を通じて、直接的に発信・体現するのは社員やあらゆるパートナー、グループ会社の社員に他なりません。そのため、社外向けの発信・発表を周年のタイミングに合わせるのであれば、その1～2年前から、社内に向けた新たなブランドへの理解浸透を行うのはもちろんのこと、そのブランドにもとづくこれからのあるべきサービス提供やお客さまとの関係性のあり方、働き方や教育のあり方などを見出し具体化していく活動を重ね、新たなブランドへの共鳴や参画を生み出すことが大切です。

これにより、周年時に社外へのリブランディングを発するときに、社員の一人ひとりが、ブランドを発信・体現するのは自身自身であるという自覚と使命感を持ち、インターナルブランディングそのものにもつながっていくはずです。

このように、リブランディングの周年で、社外向けと同時に、社内向けの準備を周年イヤー（期間）全体を通じて行っていくことを忘れないようにしましょう。

(7) <目的3 社内活性化>でのコンセプトメイキングとは?

では最後に、コンセプトメイキングのワークで、次のような内容を考えた場合、この目的への関心度が高い傾向があります。

・社内へのCHANGEメッセージがよりリアリティや問題意識が高く描かれている
・「対象」の優先順位として、「社員」が1番に挙がっている
・「時間軸」では、「過去」「現在」「未来」のいずれの場合も考えられる

社内活性化においては、第2章で述べたように、人材の確保や定着が困難な時代、「企業にとって必要な人材が、この会社で働き続ける価値」を認識する機会として、周年を捉えることも大事な目的の1つとなります。

「好感」なのか？「期待感」なのか？

コンセプトを表すテーマや狙いの方向性として、従業員を何に「求心」することがいまの自社にとって必要なのかを考えていきます。

1つは会社への「好感」です。ストレートにそしてシンプルに、社員が「やっぱり私はこの会社が好きだな」と思える状態や環境をつくることです。この会社が好きと言っても、それは会社の中のあらゆるものが影響しています。自社の理念や精神を反映した自社らしさや企業文化。それらが息づいた自社らしいオフィスやワークスタイル、経営・マネジメント姿勢、一緒に働いている仲間……など、すべてが自社への好感を生む要因となります。

そう考えると何から手をつけたらいいのか難しいと感じるかもしれませんが、例えば、周年を機に、社員同士の仕事上だけの関係性を変え、周年記念旅行で未知な世界・場所で新しい体験を皆でしたり、周年記念運動会を開催し、家族も含め全社員で一緒に体を動かし、競いあうなどすることで、上司や仲間の普段は見られない人柄や個性を垣間見ることができ、組織としての一体感をあらためて感じる機会にもなりえます。

またもう1つは会社への「期待感」です。いまの自社への期待感だけではなく「将来の自社の向かう方向性に対する期待感」が持てるか否かも重要です。昨今の若者の仕事への動機は社会貢献意識も高く、自分の会社が将来どのように社会に対して貢献し力を発揮していくのかを重視している傾向にあります。新入社員や若い社員にはまだ難しすぎて、自社のビジョンやミッションをちゃんと理解してもらうのは早すぎるという経営層の声を聞くことがあります。しかし、新入社員も含めた全社員が自社の夢（＝ビジョン）を一緒に実現する仲間だと思うのならば、そのビジョンを実現するイメージを何度でも対話しながら、共通のものにすることに労を惜しまないはずです。

周年は、この未来の自社に対するワクワク感・期待感を高め、長期ビジョンのまさに全社員でのキックオフにすることができる絶好の機会です。

この2つの視点については、必ずしもどちらか一方ということではなく、周年の中でどちらもいまの自社にとっては必要だということがあるかもしれません。特にいま、力を入れるべき社内活性化はどちらなのか？　組織の現状を捉えながら、いま、自社の社員の多くは何を潜在的に求めているのかを深く洞察することで、自社にとってのあるべき周年の方向性を見出していきましょう。

周年コンセプトを羅針盤に、組織の成長軌道につなぐ

自社の周年コンセプトの全体像は明らかになったでしょうか？　この周年コンセプトをもとに、これから各方面での具体的な施策に入っていきます。

明らかになったこの周年コンセプトが周年事業全体のいわば羅針盤となります。様々な周年事業の推進の過程で、どうしたらいいのか迷ってしまったとき、関係者と検討する中で意見がバラバラになってしまったとき、自分たちが迎えたい周年の目的や得たい成果イメージ、そして経営層をはじめとする実行委員の想いはここにあるのだと立ち返り、その道筋を明らかにしてくれるものになるはずです。

そして、一連の周年事業が終わった際には、この目的や得たい成果イメージにどれだけ近づけることができたか？　組織としての成長や変化にどのようにつながっているか？検証するための観点や指標にしてください。そうすることで、周年が周年だけで終わることなく、周年をきっかけにした組織の成長軌道を創りだすものになるはずです。

第4章

実践② コンセプトにもとづいた各施策の企画

(1)(2)——森門 教尊
(3)——甲斐荘 正晃

（1）＜目的1　企業理念・意義の浸透＞の施策――森門 教尊

前章までで見てきたとおり、周年という機会を通じて、多くの企業では創業時の精神や自社が脈々と受け継いで来たＤＮＡを再確認します。大きな節目のタイミングにしてまさに自らの存在を振り返るわけですが、このとき企業理念自体の見直しや再解釈、また広く様々なステークホルダーに対して理念の浸透を図ることも往々にしてあります。

〝企業の誕生祝い〟としてセレモニーの側面も強い周年事業の枠組みにおいて、企業理念や存在意義など会社の原点を、どうやって浸透させていくのでしょうか。その具体的な考え方や取り組み施策を見ていきます。

周年計画ロードマップの策定

企業理念浸透の具体的な施策を考える際に留意しなければならないのは、周年事業の企画をつくり込み実行したところで、伝達すべき人にタイミングに合った形で届かなければ効果が薄れてしまうということです。

従って、周年事業の推進で非常に重要な点としては、各活動におけるフェーズをしっかりと定めた上で、各施策がタイミングに応じて相互に連動する仕掛けを設ける「周年計画ロードマップ」を策定することです。これにより、周年事業施策を「点」で終わらせることなく、ステークホルダー間で良い作用をもたらす相乗効果が生まれます。【図4-1】は企業理念の浸透を中核に据えた周年計画ロードマップ例であり、その枠組みの中で実施される効果的な施策内容をプロットしたものになります。

次項ではこれら周年事業施策を1つずつ取り上げて、説明していきます。

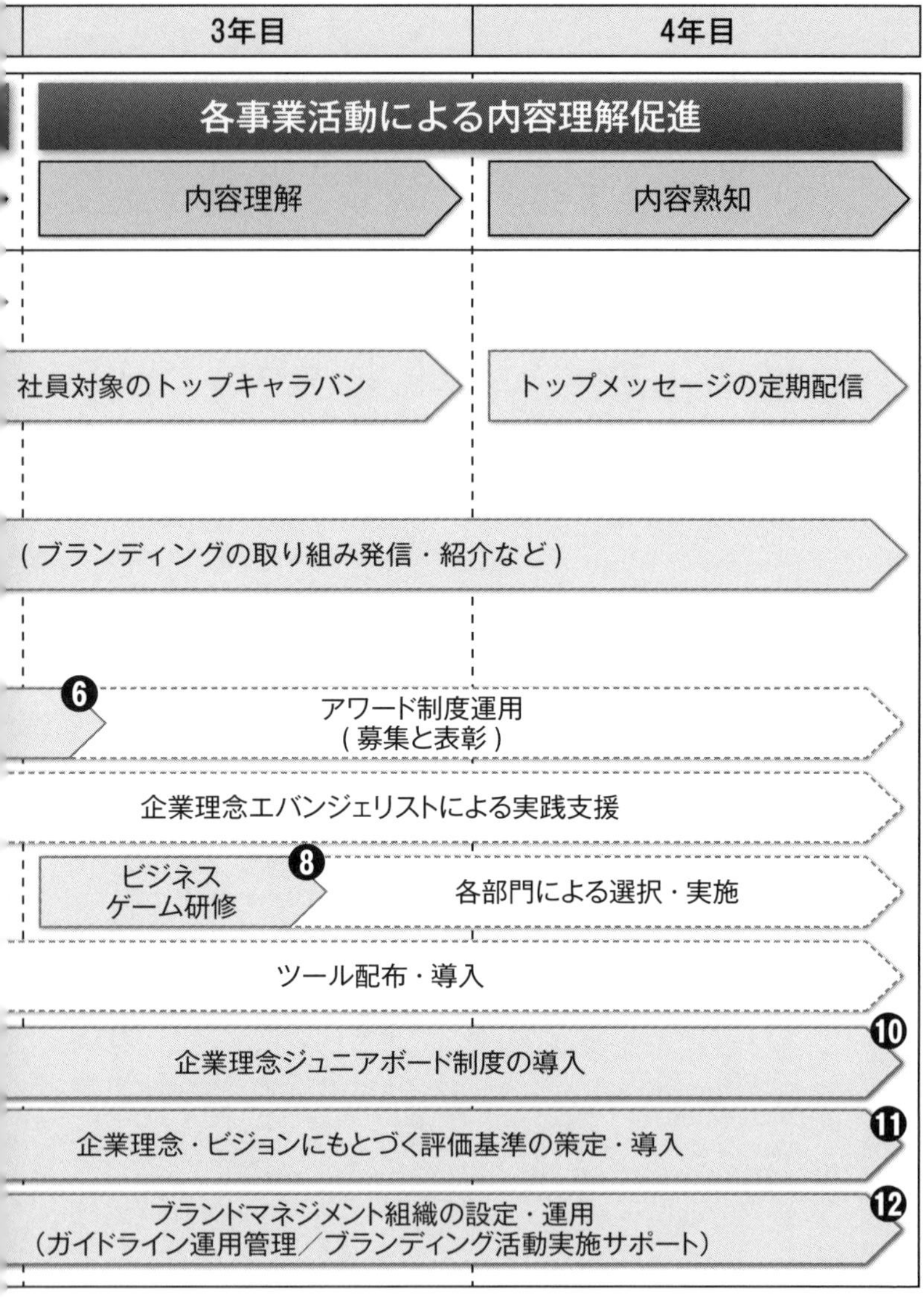
3年目
4年目
各事業活動による内容理解促進
内容理解
内容熟知
社員対象のトップキャラバン
トップメッセージの定期配信
(ブランディングの取り組み発信・紹介など)
6
アワード制度運用
(募集と表彰)
企業理念エバンジェリストによる実践支援
ビジネス
ゲーム研修
8
各部門による選択・実施
ツール配布・導入
10
企業理念ジュニアボード制度の導入
11
企業理念・ビジョンにもとづく評価基準の策定・導入
12
ブランドマネジメント組織の設定・運用
(ガイドライン運用管理/ブランディング活動実施サポート)

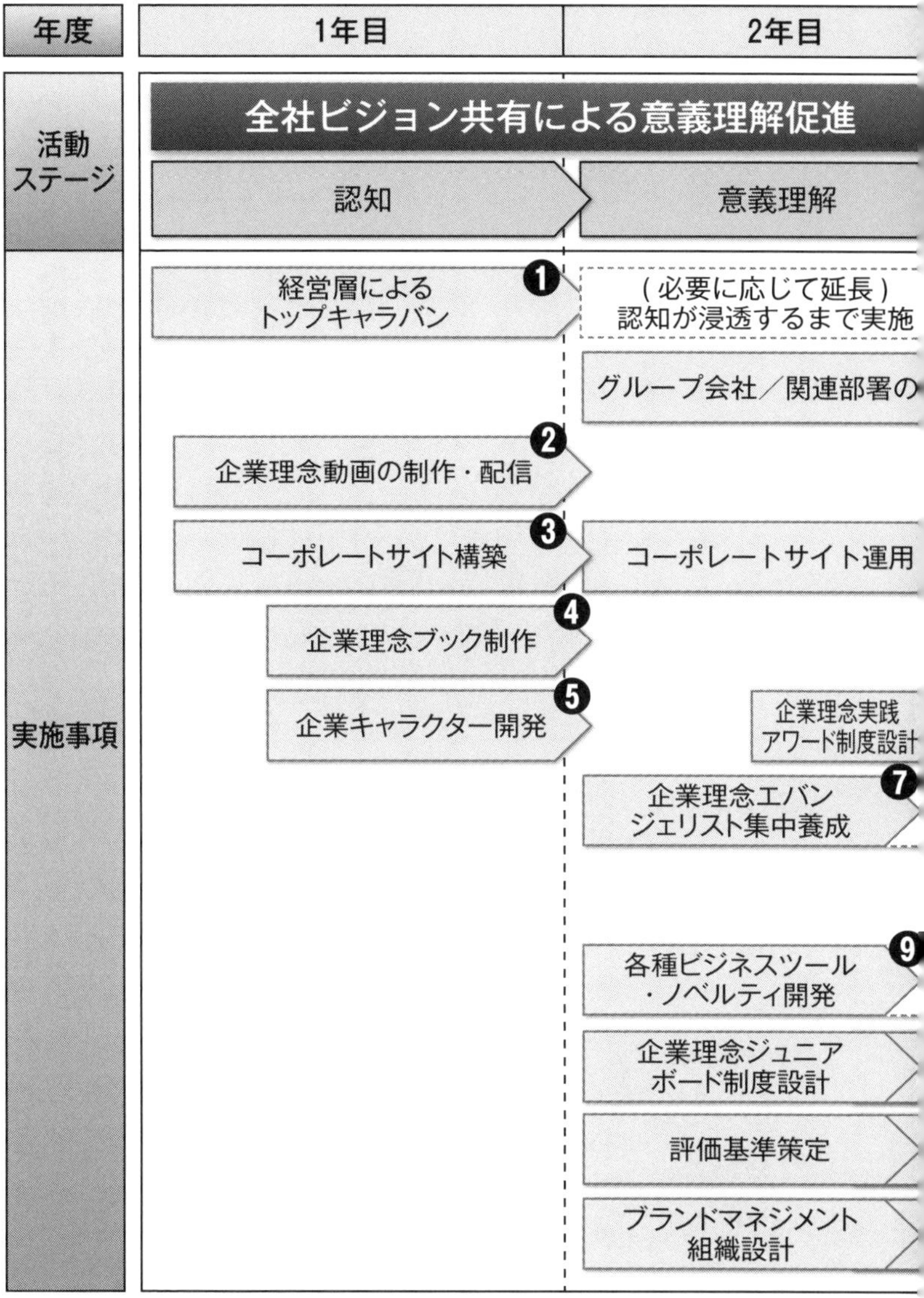

【図 4-1】 周年計画ロードマップ例

① 施策1：経営層によるトップキャラバン

【概要】

経営トップ自らが各拠点を行脚して従業員の表情や理解の度合いを確認しながら、自社の周年ビジョン（中長期的な戦略方針や将来的に目指すべき企業像なども含まれる）、新しく意味づけられた企業理念を直接語りかけます。その際、周年シンボルマークやスローガンなどの表現物とセットで伝達することが効果的です。

【狙い】

企業理念の浸透スタートに当たる重要な活動としてトップ自らの生声で伝えることで、全従業員に周年を機とした事業変革に対する本気感が伝わり、意識の変化を強力

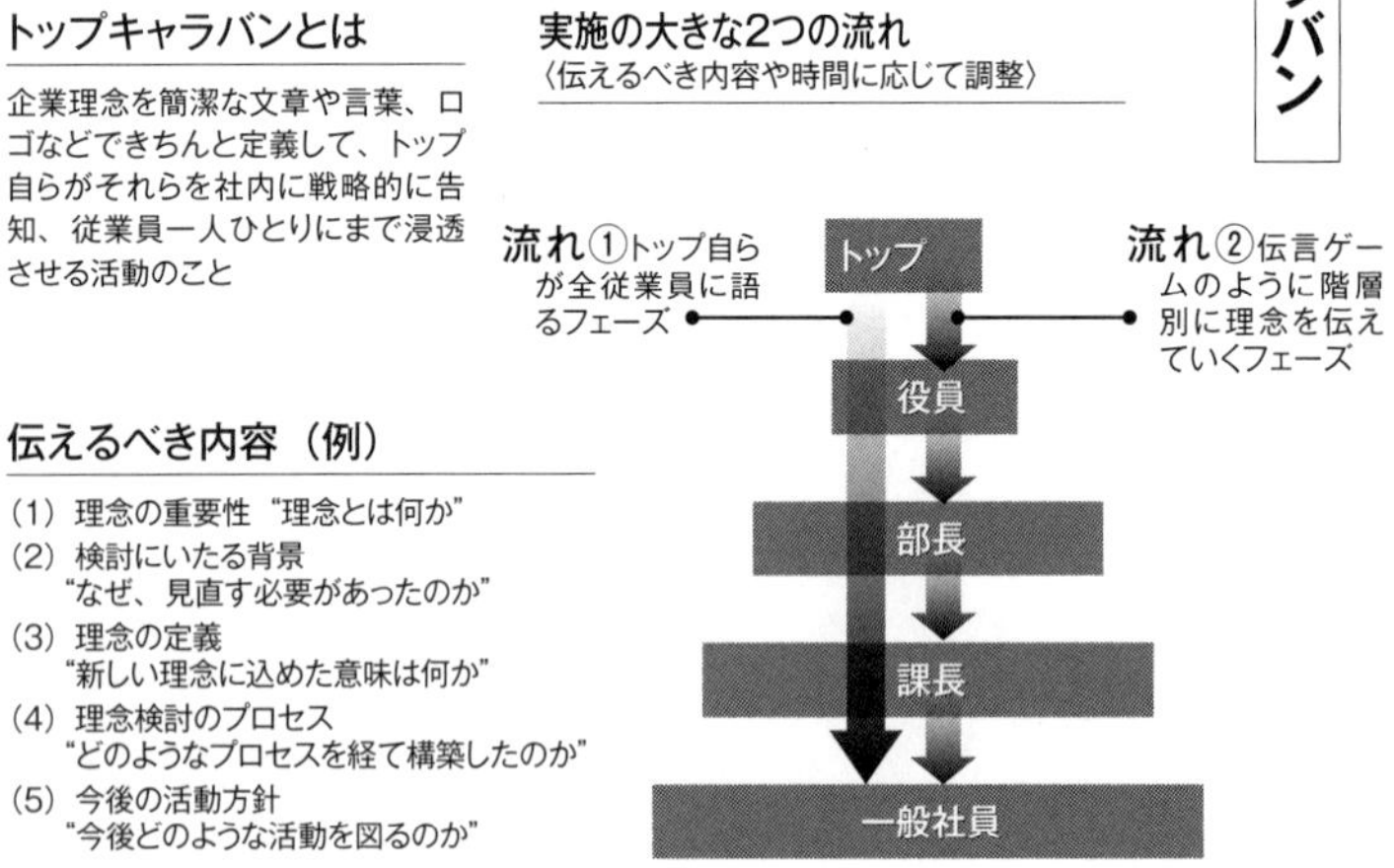

トップキャラバンとは
企業理念を簡潔な文章や言葉、ロゴなどできちんと定義して、トップ自らがそれらを社内に戦略的に告知、従業員一人ひとりにまで浸透させる活動のこと
伝えるべき内容（例）
(1) 理念の重要性 "理念とは何か"
(2) 検討にいたる背景 "なぜ、見直す必要があったのか"
(3) 理念の定義 "新しい理念に込めた意味は何か"
(4) 理念検討のプロセス "どのようなプロセスを経て構築したのか"
(5) 今後の活動方針 "今後どのような活動を図るのか"
実施の大きな2つの流れ
〈伝えるべき内容や時間に応じて調整〉
流れ①トップ自らが全従業員に語るフェーズ
流れ②伝言ゲームのように階層別に理念を伝えていくフェーズ
トップ
役員
部長
課長
一般社員

【図 4-2】 経営トップキャラバン概要

に推進していくことを目指した施策です。過去の企業理念からのつながりを理屈的な側面で理解するに留まらず、トップの人柄も含めて伝達することで感情的な側面にも作用し共感を得ることを狙っています。また、一方通行的な伝達・説明だけでなくトップと従業員が双方向で語り合う場を設け、事後にはアフターフォローの仕組み（各拠点訪問時のアーカイブ動画や社内掲示板でのやりとりなど）をつくるなどの工夫を挿むことで、キャラバンの効果が何倍にも増幅していきます。

② 施策2：企業理念動画の制作・配信（社史動画の一環）

【概要】

企業理念を「読むもの」ではなく「観るもの」と捉えて社史を説明する動画に組み込み、1回当たり数分程度で視聴できる動画を制作します。動画の掲載については、動画配信サイトやイントラネット上での仕組みを活用する想定です。さらには動画コンテンツに経営トップメッセージなど含めることで、「①施策1：経営層によるトップキャラバン」で意図した企業理念の解説・意味づけも図ることが可能になります。

【狙い】

周年事業の機会を通じて多くの企業では往々にして企業理念や社史を見直します。

そうした情報自体は通例、会社案内や企業ウェブサイトの概要・沿革の欄に記載されますが、どうしても静的な情報の羅列に映ってしまい記憶にもなかなか残りません。そこで、周年事業の一環として具体的なエピソードとストーリー性を社史に盛り込み、その枠組みに企業理念の説明を加えます。特に企業理念を改定した場合、これまでの企業理念からの変化点を明確に伝えて、視覚的にも違いが記憶されることを目指します。

③ 施策3：コーポレートサイト構築（企業理念説明ページ）

【概要】

コーポレートサイトはいまや企業情報の発信・集約拠点として位置づけられています。企業理念がコンテンツ掲載されていない企業はほとんど見当たりませんが、表現スタイルや配置場所は各社異なります。周年事業の一環での企業理念の提示に限っては、通常の企業情報・会社概要の配下ページに格納すると見えなくなるため、特設サイトを設けるかトップページから辿りやすい位置に配することが望ましいです。

【狙い】

企業理念に関する自社の再検討の取り組みや関連する活動事例等を発信することに

より、従業員の動機づけと対外的な訴求とを同時に図ります。また上述の動画などの関連コンテンツを掲載して、いつでもどこでもアクセスできる状態をつくることも有用です。社外の媒体を新たに購入するわけではないので、費用対効果も高く柔軟性も見込めます。また、一過性で終わらせずに定期的な情報更新を行うことで、ソーシャルメディアなどを絡めた双方向コミュニケーションやファンコミュニティサイトづくりなどへも拡張可能です。さらにはタブレット端末など稼働性の高い機器とあわせて、社外での営業活動やプレゼンテーションなどの際にも有効に活用できます。

協和発酵キリン「私たちの志」動画

協和発酵キリンでは総勢 1,000 人を超える社員と経営陣が年齢や職種の壁を越えた議論を重ね、「いのちと歩み続ける」という製薬会社で働く者としての思いを込めた「私たちの志」をまとめ上げました。この動画では「私たちの志」の全文にイメージシーンを組みわせて、情緒に訴えかける作りになっております。

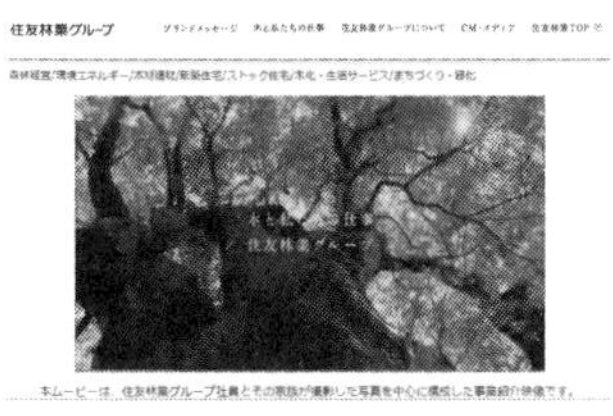

住友林業グループ「木と生きる幸福」動画

ブランドメッセージ「木と生きる幸福」を体現した動画として制作。森林経営から住宅建築・生活サービスに至るまでの幅広い事業活動に携わる従業員を対象にフォトコンテストを行い、その応募作を活用してグループ全体の紹介を図る動画としてまとめ上げました。

【図 4-3】企業理念動画の事例

④　施策４：企業理念ブック制作（コンセプトブック）

【概要】

従業員にとっての「道しるべ」となる企業理念や、それに紐づくコンセプトを一貫した世界観やわかりやすいトーン＆マナーで小冊子にまとめたものが企業理念ブックです。周年のタイミングで企業理念を記載した冊子を配布するのは、伝統的な手法に思えるかも知れませんが、デジタルツール全盛の時代だからこそ、冊子ならではの質感や従業員が共通に持つアイテムとしての存在感が固有の体験に結びつきます。当然ながら、従業員に一斉配布することで全社運動的な意味合いを持たせることも意図しています。また、一度限りの配布でなく、中途入社など新たに加わる者にも継続的に配布することでその企業の入門書的な役割も果たすことができます。

【狙い】

主に従業員に対して、自社に対する愛着や仕事に対する誇りを醸成するためのツールとして用います。但し、理念ブックの装丁次第では必ずしも従業員に限ったものでなく、例えば従業員の家族まで射程に入れたものや一般読者向けに市販するものもあります（例：東ハト「お菓子を仕事にできる幸福」）。その場合には語り手やキャラクター等の起用、物語形式など、わかりやすく説明するための仕掛けも必要になります。

Tohato

『お菓子を仕事にできる幸福』

同著は、社内浸透用に開発されたが、一般にも発売している

新生東ハトが目指す方向性を、絵本の様なやさしいビジュアルと語り口で伝達

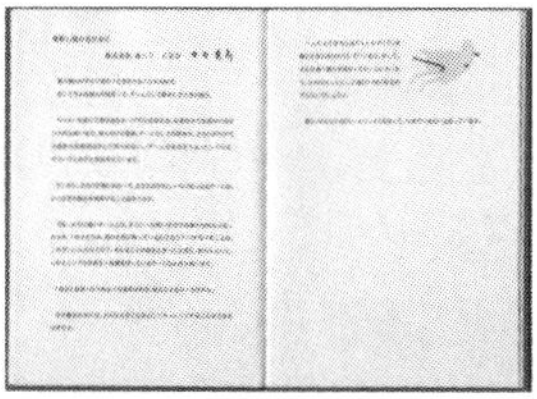

東ハトの CBO（Chief Branding Officer）に就任した中田英寿からのメッセージも

東京メトロ

『ビジョンブック』

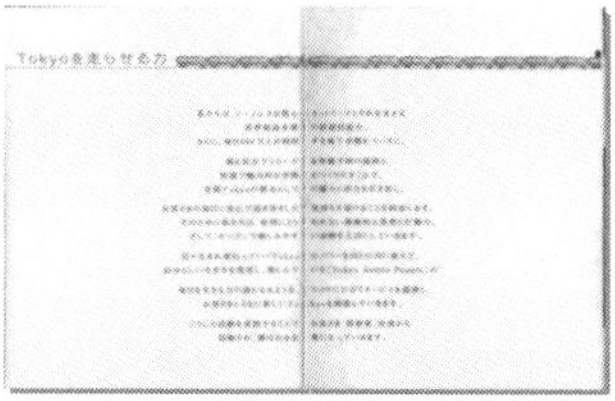

東京メトロへの改組時に策定したビジョン「東京を走らせる力」を、ハートフルなキャラクターとともにわかりやすく伝達している

【図 4-4】 企業理念ブック（コンセプトブック）

⑤ 施策5：企業キャラクター開発

【概要】

自社の理念や事業活動を感覚的に認知・理解してもらうための施策がキャラクターです。通例は一般消費財・サービス業などでよく見られますが、BtoB企業のように消費者が普段目にしない商材を扱っている場合や、事業が多岐にわたるコングロマリットのように自社の説明が容易でない場合にこそ、キャラクターが有効に活用されます。

【狙い】

キャラクターは老若男女あらゆるステークホルダーに対して、企業の認知度・好感度を高める施策として有効です。商品の認知・販促強化や企業イメージの向上を図るマスコットキャラクターは古くから採られてきた手法ですが、近年では企業の社会活動を示すために用いられることやソーシャルメディア上でユーザーとのコミュニケーションの仲介役になる使用法が多々見られます（例：企業のLINEアカウント上でのキャラクター使用など）。企業理念は往々にして難解なものが多い中で、感覚的・直感的に理解を促すことができるキャラクターの有用性は、今後ますます拡大していくと思われます。

⑥ 施策6：企業理念実践アワード（表彰イベント）

【概要】

企業理念の浸透活動に対する参画を呼び掛けると同時に、報奨制度としての意味合いを持つものが企業理念実践アワード（表彰イベント）です。企業理念自体は抽象的かつ普遍的な性質が大きいため、日常の業務とは距離を置いたもののように考えがちです。そこで、企業理念実践アワードでは日常の業務を通じて企業理念を実践していると思われる従業員やチームを対象に表彰を行います。表彰はエントリーを募る自薦式やアワードの担当部門がノミネート

日立化成「WOWグローバルアワード」

日立化成では創立50周年を機に様々なグループ横断活動を手掛け、企業ビジョンである「5つの挑戦」に即して従業員が自らエントリーし、部門や会社の枠組みを超えた多くのチームが参加しています。この活動を通じて、挑戦の風土づくりをもたらし、従業員同士が切磋琢磨を図ることを狙いとしています。

法政大学「自由を生き抜く実践知大賞」

2016年に制定した法政大学憲章「自由を生き抜く実践知」を体現する教育・研究等の実践を顕彰し、広く共有・発信することによって、学内における求心力や活性化を図るだけでなく、法政大学ブランドをさらに強化し、周知していくことを目的としています。

【図4-5】 企業理念アワード（モデル事例の表彰イベント）

を行う他薦式など様々な形式を採ることがありますが、いずれにしても日常業務と企業理念の関連性を示すことは一連の浸透活動において象徴的な意味を持ちます。また受賞事例はコーポレートサイト等を通じて対外的にも発信し、企業価値向上にも役立てていきます。

【狙い】

自社の企業価値を高める活動に能動的に取り組んだ個人またはチームを表彰する仕組みを導入することで、従業員の遣り甲斐を意図的に創り出し、どのような活動が期待されているのかを可視化することが狙いです。モデル事例を発信することで、社内外からの企業理解を深めることも目指します。

⑦ 施策7：企業理念エバンジェリスト（伝道者）集中養成

【概要】

トップキャラバンを通じて従業員の理解が得られはじめたタイミングで、企業理念の浸透活動に対する興味関心が高いメンバーを社内から選出し、企業理念エバンジェリストとしての活動を託していきます。企業理念エバンジェリストには、トップの想いをかみ砕いて説明すること（＝企業理念浸透サポート）と、各部署・チーム単位で最適な浸透活動を実施できるように支援すること（＝活動実施サポート）という２つの使命が与えられ、活動状況を定期的に周年事業事務局に報告することが求められます。メンバーの選出にあたっては自薦が望ましいですが、社内の核となる部署での浸透効果を鑑みて、候補者をノミネートすることも多々あります。

【狙い】

経営トップ層や周年事業の事務局が主導する施策だけでは、企業理念の浸透も息切れを起こしてしまい、活動全体の温度感が下がってしまう恐れがあるため、経営トップ層と未理解層との間をつなぐ伝道者役として設定します。企業理念エバンジェリストは中長期的な視点では次世代リーダー層（ジュニアボード：後述）として目されることもあり、単に理念浸透のためのボランティア的な役割ではなく、企業の成長戦略においてのキーパーソン的な存在であることをメンバー本人に対しても意識づけることが重要です。

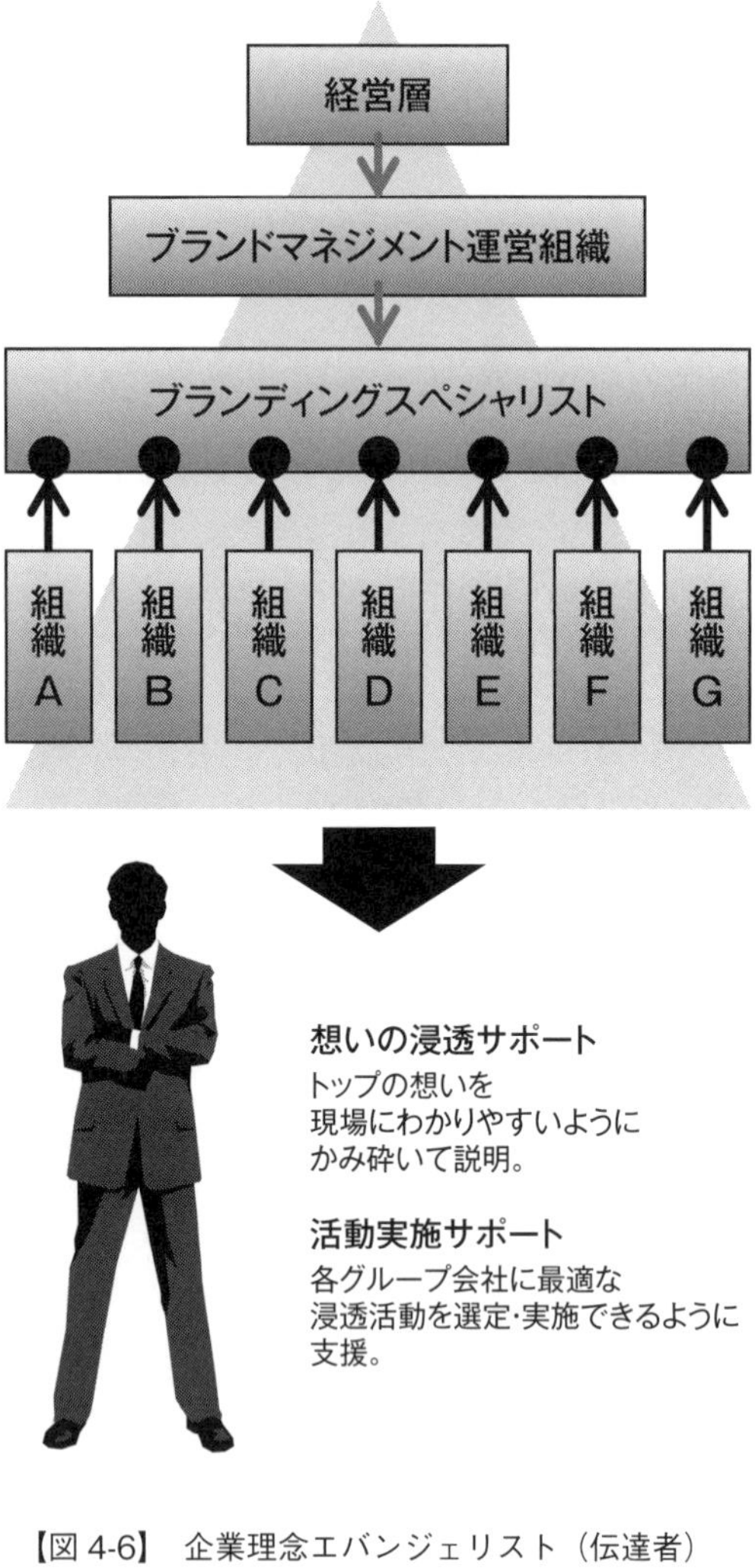

【図 4-6】 企業理念エバンジェリスト（伝達者）

⑧ 施策8：ビジネスゲーム研修

【概要】

浸透活動に能動性や面白さを取り入れる手段としてビジネスゲーム研修は効果的です。様々な価値判断が生じるような事業上のリアルなシチュエーションを想定し、チーム単位で議論を進めながら企業理念に対する感覚や理解を深めていきます。一例を挙げれば、参加者がとある店舗の運営を任されたと仮定して、「自店」「顧客」「競合」「景気」など様々な変数が進行上もたらされる中で、競合の店舗にない自店独自の強みを創り上げて顧客価値を高めるようなゲームがあります。途中で理念やビジョンからかけ離れて価値判断を誤ると、収益や顧客価値が減衰していきます。ビジネスゲームには様々な種類のものがあり、研修事業者は独自のメニューを準備していますが、企業理念やビジョンに立ち返る側面が挿まれることが多々あるのが特徴的です。

【狙い】

「どのような意思決定が最も自社らしいか」をチームでディスカッションすることで、言葉で表現しきれない〝感覚的〟な価値観についての共通言語化を目指し、企業理念の実践につなげていくことが狙いになります。もちろんビジネスゲームということで、座学形式の研修ではなく能動的な参加が必要となるためメンバーに積極性が芽生え、チームビルディングにもプラスに作用します。

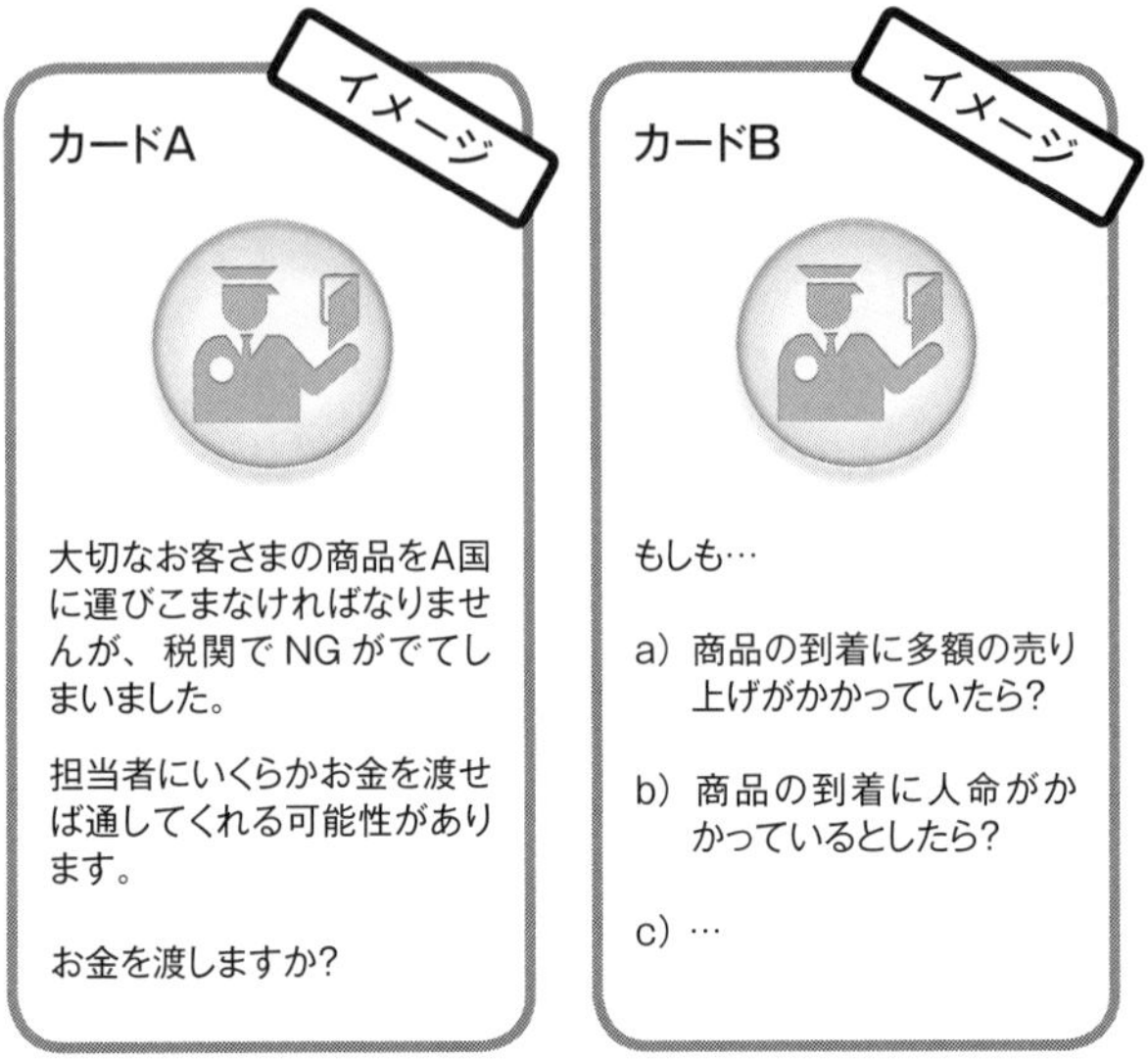
カードA
イメージ
大切なお客さまの商品をA国に運びこまなければなりませんが、税関でNGがでてしまいました。
担当者にいくらかお金を渡せば通してくれる可能性があります。
お金を渡しますか?
カードB
イメージ
もしも…
a) 商品の到着に多額の売り上げがかかっていたら?
b) 商品の到着に人命がかかっているとしたら?
c) …

イラスト：123RF

<ゲームの流れ（例）>

1. ルール説明
2. チームによる
   議論と意思決定
3. 司会による新情報の追加
4. チームによる
   議論と意思決定
5. 全体討議

【図 4-7】 ビジネスゲーム研修（イメージ）

⑨ 施策9：各種ビジネスツール・ノベルティ開発

【概要】

ビジネスツール・ノベルティには次のようなものがあります。

・名刺：企業理念や周年スローガン・周年シンボルマークなどを記載

・手帳：会社概要や企業理念など自社の主要な情報を記載する他に、路線図や公共機関連絡先などの各種データを挿入して、高い機能性を担保することも可能

・カレンダー：機能性はもちろん自社の世界観を象徴するような絵図とともに、感覚的に企業の理念を伝達することに長けたツール

【狙い】

社内外へ配布するビジネスツールやノベルティは、企業理念を身近に展開していく必須アイテムとして有効に機能します。深いレベルの企業理念の理解を促すことは難しいですが、不特定多数の人々に広く浸透させることには向いています。企業広告やPRイベント、各種プロモーションなどのタイミングにあわせて配布するとなお効果的です。また、配布する従業員自身の刷り込みや意識啓発が図れるだけでなく、顧客や取引先を中心とするステークホルダーが自社に興味関心や理解を示すコミュニケー

ションのきっかけづくりとしても有用です。

⑩ 施策10：企業理念ジュニアボード制度の導入

【概要】

周年事業事務局・企業理念エバンジェリスト（⑦参照）を中心にジュニアボードを組成し、従業員主導での理念浸透を推進していきます。ジュニアボードとは自社の次世代をけん引するリーダー層による検討体制を指します。ジュニアボードの設置においては組織的な決まりがあるわけではありませんが、経営トップ（社長やCMO・CBOなど企業理念に密接に関わる層）の管掌下に設置されることが多いです。ジュニアボードの役割には次のようなものが一例として挙げられます：

・定期的（月1回程度）に会議を開催し、周年事業・企業理念浸透プロジェクトの進捗や課題認識の共有、解決策などを議論
・経営トップ層に向けた施策提言・改善要望の起案
・各部署の理念検討・ブランディング推進に関するアドバイザリー役

【狙い】

ジュニアボードの組成を通じて、主体的なプロジェクト参画意識や先導意識を向上

させます。またその過程を通じて次世代リーダー層としてのマインド醸成も期待できます。ジュニアボードが企業理念浸透上の課題や問題意識を定期的に共有・議論する場を有し、経営トップ層に提言することで活動の継続性と有効化を図ります。

⑪ 施策11：企業理念・ビジョンにもとづく評価基準の策定・導入

【概要】

現場において企業理念の浸透・定着を促すために「企業理念体現尺度」を人材評価に組み込むことも実践的な手法として存在します。

【狙い】

ある企業の場合には、管理職の給与・昇格評価に「行動指針体現度」を付加しており、従来の「役職評価」「実績評価」に加えて、長期的な企業価値向上の担い手として機能させようとしています。

同評価基準は2つの側面から成り立っています。

・行動指針実践行動：企業理念のガイドラインをチェックしながら、自ら率先して模範的行動をとっているか

・行動指針浸透行動：部署内で部下を集めて討議し、指導・助言をしているか

⑫ 施策12：ブランドマネジメント組織の設置・運用

【概要】

ブランドマネジメント組織とは、企業がブランディングを遂行する上での推進および管理の役割を担っており、多くの企業では経営企画や広報宣伝・人事などのコーポレート部門の中の機能として位置づけられます。ブランドマネジメント組織の業務内容には例えば次のようなものが挙げられます。

・企業理念浸透に関するプログラムの開発、周知および問い合わせ窓口対応
・企業理念浸透活動事務局として、トップキャラバン等の実施準備・支援
・各種の理念浸透活動が着実に実施され、効果を上げているかの定点観測
・各種ビジネスツール・ノベルティ類の開発支援（実制作は業務上必要性の高い部門の予算の下で実施されることが通例）
・継続的な理念浸透意義や理解促進のために、人事部門などと連携して研修実施
・その他、企業理念浸透活動をサポートするプログラムの開発・導入（ビジネスゲーム研修や企業理念エバンジェリスト養成プログラム）

【狙い】

企業理念の浸透は往々にして一過性のものになりがちであるため、「仕組み」として定着化を図ることが狙いです。これにより企業価値の毀損を防ぐとともに、従業員や各部門が自発的に企業理念に即した活動を図ることを促進し、長期にわたって持続的に企業価値を高めていくことを目指します。

歴史の節目をあらゆるステークホルダーと共有できる周年事業は、企業への注目が最大限に高まり、企業理念を浸透する絶好のチャンスです。限られた予算を効果的に使い、1つの施策が他の施策への波及効果・相乗効果が生まれるような仕掛けを構築することは非常に重要です。また一過性のアドバルーンにしないためにも、組織設置や仕組み・ルールの整備など、中長期的に企業価値を向上させる視点を常に忘れないことが肝要です。

(2) ＜目的2　リブランディング＞の施策――森門　教尊

前章でも説明があった通り、事業の多角化や再編、経営統合からグローバル展開まで、企業活動を通じて自社の姿形は時々刻々と変わっています。一方で、長年の間にブランドのイメージが固着化してしまい、結果的に新たな顧客層の開拓がなされずに自然と衰微する企業も枚挙に暇がありません。周年事業のタイミングはブランドの成熟化・衰退化の道を回避し、業界での立ち位置や顧客からの認識を変える格好のタイミングとなります。すなわち、周年事業はリブランディングを推進する、またとない好機になるのです。では、企業活動のリアルを反映しながら世の中の認識や自社の振る舞いを変えるには、具体的にどのような箇所から取り組めばよいのでしょうか。本節では周年事業で有効なリブランディングの方法論について示していきます。その前に、まずはブランディングの基本的な定義や効用を簡単におさらいしたいと思います。

ブランドには様々な定義がありますが、企業におけるブランドとは「ステークホルダーの期待に対して、自社の強みを通して果たす約束」を指します。顧客に代表されるステークホルダーは企業に対して何らかの期待を抱きます。その期待に応えるべく、自社が遂行できることを表明し、実際の企業活動の内容を有言実行すること（＝約束を果たすこと）がブランディングなのです。ステークホルダーへの約束は個々人や事業部門、グループ会社によってバラバラではいけません。各事業部門やグループ会社で一貫したブランドの約束を発信し、全体の強みに高める必要があります。ブランドが各事業部門・グループ会社の成長を支援し、同時に各事業部門・グループ会社の活動がブランド構築に貢献する循環構造こそが、ブランディングで目指すものになります。

企業ブランドの定義は「自社の強みを通して果たす約束」です。しかし、刻々と変わる経営環境下で競合他社は常に新たな商品サービスを世に送り出し、異業種企業は活発に市場参入する可能性がある中で、いつまでも同じ約束の内容に留まっていてよいのでしょうか。企業がブランディングを通じて規定する約束とは「背伸びした約束」です。つまり、企業が現在保有する等身大の能力を超えて、「将来にわたって努力することで獲得できる能力」を包含した約束であることが肝要です。例えば、開発段階にある商品サービスや他の企業とのアライアンスを組むことで充足する事業や商品サービス・機能などがそれに当たります。現在、自社が有していなくても構いません。こうして「背伸びした約束」があるから顧客はその企業との未来を「期待」することになります。リブランディングで目指すことはステークホルダーの期待感を醸成し、企業イメージの刷新感をもたらすことです。

次項では、いよいよリブランディングの要諦と取り組み内容について見ていきます。

リブランディングの要諦

リブランディングを推進する上で重要なのは、プロセス（検討過程）とアウトプット（成果物）のバランスです。企業イメージに刷新感をもたらすわけですから、当然ながら新たなシンボルマークやメッセージなどのクリエイティブ表現は必要です。しかし、あまりにもアウトプットに偏重し過ぎた場合、ただ格好がいい・体裁の整っただけの絵に映ってしまい、リブランディングに参画した社内外の関係者の納得性よりもクリエイターの作品性の方が成果としての印象も上回ってしまいます。リブランディングの1番の支援者になるはずの参画者が梯子を外された形になるのは不本意のはずです。他方で、プロセスに偏重し過ぎた場合、社内を巻き込むための様々な仕掛けやイベント設計が主題になる懸念があり、その場限りの意識は高まるが、参画していない者はリブランディングの実感が享受できないという事態に陥る可能性があります。「画餅プロジェクト」でもなく「お祭りプロジェクト」でもない、検討過程を重視しながらも確たる成果に結びつく高効率かつ高効果なアプローチを創ることが求められます。そのためには、プロジェクトチームの組成段階からデザイナーやコピーライターのような表現開発のプロフェッショナルを参画させ、また表現開発の前提として調査分析や課題形成などを踏まえたプロジェクト作業設計を行うことが重要です。

リブランディングのフェーズ全体像

前段で触れたように、プロセスとアウトプットのバランスが適切に融合した高効率かつ高効果のリブランディングプロジェクトを設計する必要があります。企業の検討ステージや推進体制によって、リブランディングに要する期間の設定や検討内容はまちまちですが、1つの雛形として【図4-9】のような進め方が考えられます。準備から展開まで3つのフェーズから成り立っています。

①準備フェーズ：推進基盤の整備

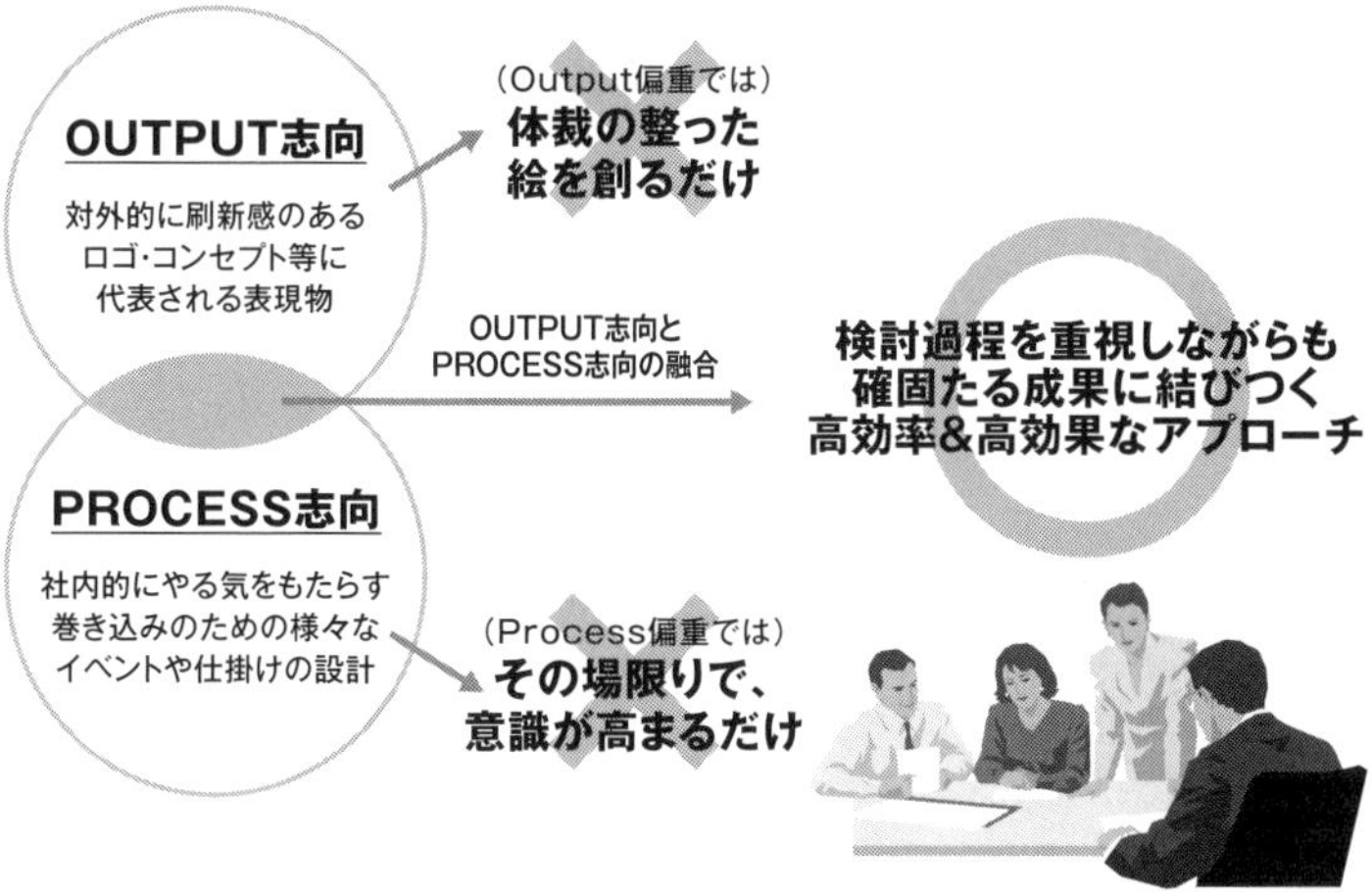

OUTPUT志向
対外的に刷新感のある
ロゴ・コンセプト等に
代表される表現物
(Output偏重では)
体裁の整った
絵を創るだけ
OUTPUT志向と
PROCESS志向の融合
検討過程を重視しながらも
確固たる成果に結びつく
高効率&高効果なアプローチ
PROCESS志向
社内的にやる気をもたらす
巻き込みのための様々な
イベントや仕掛けの設計
(Process偏重では)
その場限りで、
意識が高まるだけ

【図 4-8】 プロジェクト作業設計のあるべき考え方

②構築フェーズ：ブランド提供価値の具体化

③展開フェーズ：社外発信・社内浸透の実践

リブランディング作業の山場は構築フェーズにおけるブランド提供価値の具体化です。前述の通り、これまでステークホルダーに伝えてきた約束と、企業イメージ刷新をもたらす約束との内容上の変化を示さねばなりません。単なる思いつきを約束の言葉として書いてみても、納得性も薄く全社をドライブしていくものにはならないでしょう。しかるべき推進体制の下で社内外における入念な調査分析を経

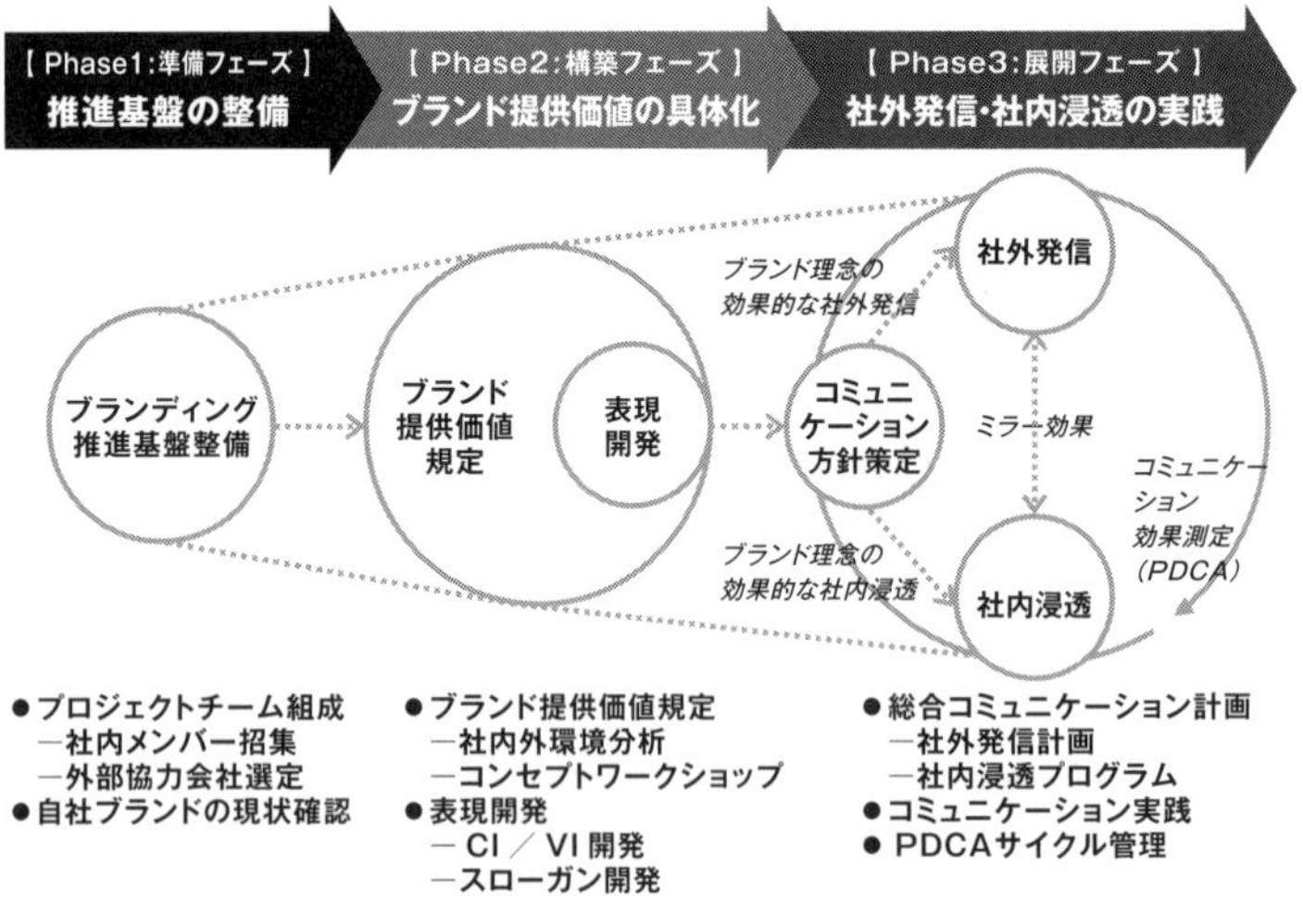

【図 4-9】 リブランディングのフェーズ全体像

て、数年先の自社の能力を見越して顧客に提供する内容を考察することが求められます。さらには、それを実現するためにブランド提供価値を端的な表現で示して、社外発信・社内浸透をしていくこととなります。言葉で示すことは簡単ですが、それぞれのフェーズには様々な検討作業が控えています。以降の項では、各フェーズでどのようなことを具体的に検討・実施するかを見ていきます。

Phase 1：準備フェーズ

●プロジェクトチームの編成

プロジェクトチームの編成はリブランディングの成否を左右します。企業のリブランディングは経営の根幹ともいうべきテーマでもあり、部門横断的な全社プロジェクトとして取り組むことが最も望ましいと言えるでしょう。まずはプロジェクトを推進するコアメンバー（標準的にはプロジェクト事務局）には、発案部門が据えられます。往々にして経営企画部門や広報宣伝部門など企画セクションを中心に構成されます。その他、検討に必要な拡大メンバーとして各部門から横断的に召集しプロジェクトチームを組成します。事務局はプロジェクト推進に関する各種アレンジの他、すべての検討プロセスに関与します。必要に応じて分科会等のタスクチームの組成や、スポット的なインタビュー、ワークショップなど様々な方法を柔軟に組み合わせて進めます。

ここで最も重要なのは、プロジェクトの上部機関（検討結果の報告・承認先となるトップや役員会など）を明確に設定することです。ブランド検討の初期段階から経営トップの強いコミットメントを求めることにより、ブランドアクションの実行に際して強いリーダーシップを発揮することが可能となります。これはリブランディングの主要目的の1つである従業員の意識向上を図る上での要ともいえます。

また、リブランディング検討は往々にして、自社の事業実態など現実と大きく切り離された抽象論・哲学論に陥りがちです。それではブランド提供価値が策定されても現

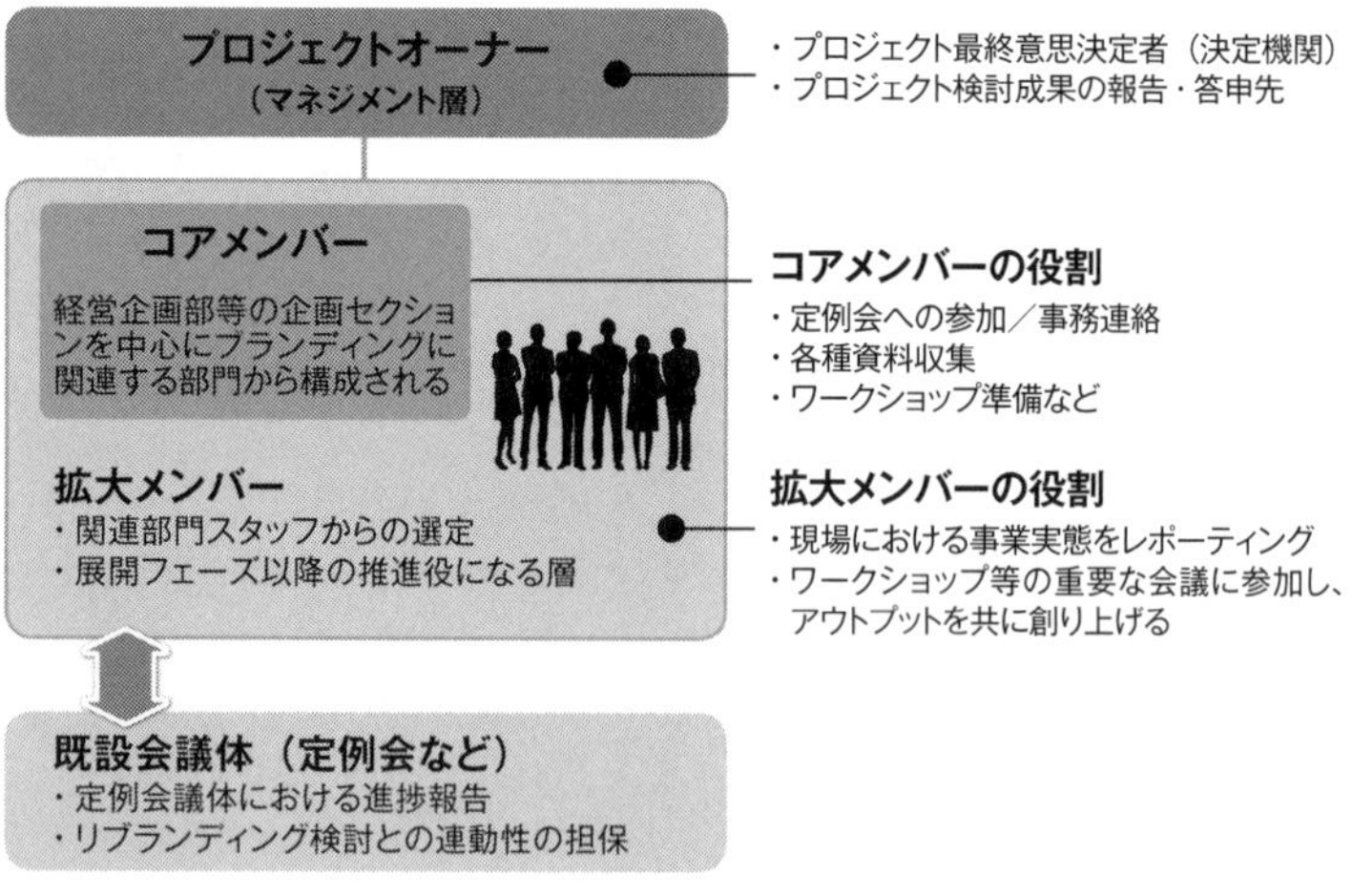
プロジェクトオーナー
（マネジメント層）
・プロジェクト最終意思決定者（決定機関）
・プロジェクト検討成果の報告・答申先
コアメンバー
経営企画部等の企画セクションを中心にブランディングに関連する部門から構成される
コアメンバーの役割
・定例会への参加／事務連絡
・各種資料収集
・ワークショップ準備など
拡大メンバー
・関連部門スタッフからの選定
・展開フェーズ以降の推進役になる層
拡大メンバーの役割
・現場における事業実態をレポーティング
・ワークショップ等の重要な会議に参加し、アウトプットを共に創り上げる
既設会議体（定例会など）
・定例会議体における進捗報告
・リブランディング検討との連動性の担保

【図 4-10】 プロジェクトチームの編成（推進体制例）

場のスタッフからはそっぽを向かれてしまいます。多くの企業では営業戦略会議や商品開発会議など、現業の運営・推進にあたる会議体（既設会議体）が存在します。リブランディングの検討内容を定期的に既設会議体と共有することで、現場のリアルから離れすぎないような配慮が働きます。

プロジェクトチーム組成の最後に第三者機関の活用についても触れます。周年事業やリブランディングはそれほど頻繁に実施されるわけではないため、自社内での経験値が蓄積されていないことがほとんどです。従って、プロジェクトの効率的な運営ノウハウの提供などの役割をコンサルタントやブランドパートナーとしての広告代理店・調査会社に求めることは少なくありません。また第三者機関が関与することによって、企業内部の視点だけでなく、顧客・競合視点を考慮した客観性ある調査分析の実施も可能となります。いずれにしても、リブランディング作業を効果的に推進していくためには、プロジェクトチームを適切な形で設置することが最も重要なポイントとなります。

●ブランド現状把握

このフェーズで実施するもう1つのアクションが「ブランドの現状把握」すなわち自社を取り巻く経営環境の分析です。ここでは、自社としての意思（WILL）をベースにしながらも、ブランドが蓄積してきた過去からの資産と提供可能な能力（CAN）を特定し、顧客をはじめとする社内外のステークホルダーからのニーズ（MUST）を組み合わせて、自社のブランドでしか果たせない約束（ブランド提供価値）を規定していく前提を整えていきます。WILL・CAN・MUSTのそれぞれに対応する主な方法論が「マネジメントインタビュー」「ヒストリー分析」「ステークホルダーニーズ分析」になります

①マネジメントインタビュー（〝WILL〟の抽出）

自社のブランドは顧客などステークホルダーとともに創造していくものであるとしても、企業の堅固な意思をもってブランドを育成する視点は重要です。その意味では、企業ブランドの責任者であり意思決定者が〝こう在りたい（＝WILL）〟と描くビジョンによってブランドの進むべき方向が大きく左右されます。当該ブランドを育成することで何を達成したいか、中長期的に自社が展開していきたい事業の方向性は何か、経営層お一方ずつにインタビュー形式で意見を伺います。

②ヒストリー分析（〝CAN〟の抽出）

リブランディングではブランドの刷新感が重要視されることは言うまでもありません。しかしながら、何の脈絡もない刷新感は内外から拒否感を持たれることも往々にしてあります。ヒストリー分析では創業者のメッセージや想いなどのDNAを踏

まえて、様々な変曲点でのポイント把握を通じて一貫して訴求してきた価値・何らかの要因で消滅した価値などを見つめ直し、ブランドとして〝これができる（＝CAN）〟を規定します。特にリブランディングにあたっては、堅守すべき意味合いの抽出は重要なステップと言えるでしょう。社史などの社内資料の他、第三者による出版物まで含めれば作業は膨大ですが、関連部門の協力や外部スタッフ活用により効率よく進めることが適当です。

③ステークホルダーニーズ分析（〝MUST〟の抽出）

企業としての意思と能力が伴っていても、世の中の必要性と合致していなければ提供価値として受け止められません。自社を取り巻く経営環境の中で、特に社外のステークホルダーからのニーズを分析することで〝世の中から何が求められているのか（＝MUST）〟という期待内容を把握します。顧客・取引先へのアンケートやヒアリングによる意見聴取、自社の提供する商品サービスへの満足度や理念・ビジョンに対する共感度などを総合的に調査し、ステークホルダーからのニーズとして整理・集約を進めていきます。

リブランディングで正しく成果を収めるためには、そもそもの取り組み意義をきちんと踏まえた上で、WILL－CAN－MUSTの視点を組み込んだ分析が不可欠となります。

Phase 2：構築フェーズ

●ブランドの提供価値規定

ブランドの現状把握を踏まえて、次の段階では中長期的なリブランディングの方向性を指し示すためのブランド提供価値を規定する作業に進みます。ブランド提供価値とは文字通り、会社全体として顧客に提供すべき価値（ステークホルダーへの約束）を意味します。ここでは、そのの価値を集約して示す「ブランドの扇」（図4-12参照）とその形状から名づけたフレームワークを紹介します。

【顧客（誰に）】

①マーケティングターゲット

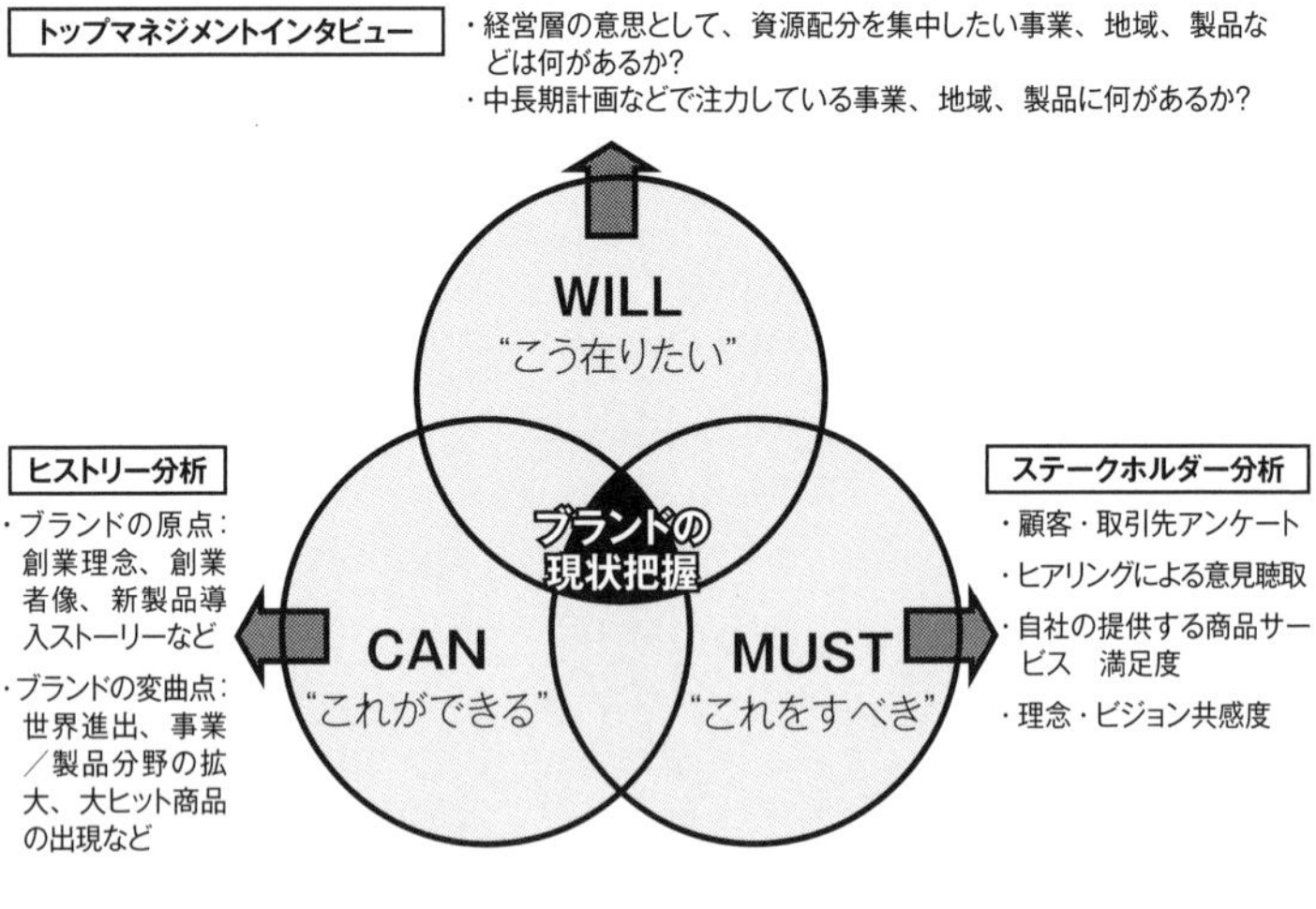

トップマネジメントインタビュー
・経営層の意思として、資源配分を集中したい事業、地域、製品などは何があるか？
・中長期計画などで注力している事業、地域、製品に何があるか？
WILL
"こう在りたい"
ヒストリー分析
・ブランドの原点：創業理念、創業者像、新製品導入ストーリーなど
・ブランドの変曲点：世界進出、事業／製品分野の拡大、大ヒット商品の出現など
ブランドの現状把握
CAN
"これができる"
MUST
"これをすべき"
ステークホルダー分析
・顧客・取引先アンケート
・ヒアリングによる意見聴取
・自社の提供する商品サービス　満足度
・理念・ビジョン共感度

【図 4-11】　自社環境分析の３つの視点

日々の事業活動の結果、実際の顧客として獲得する層（性・年代などの具体的な属性を有したセグメントで捉えることができる層）をマーケティングターゲットと呼びます。

②ブランドターゲット

①のマーケティングターゲット（性・年代などの各セグメント）に共通する価値観のことをブランドターゲットと呼びます。ブランドをけん引する言わば理想的な存在であるため、必ずしも実在の人物として描く必要はありません。

【自社（何を）】

①自社の強み（事実・特徴）

企業が有する商品・サービスなどの具体的な特徴を記述します。但し、要素が多ければいいわけではなく、競合他社との差異性の高いもの（自社固有のもの）や顧客のニーズとして大きなものを抽出します。なお、この強み自体は現在有していなくても構いません（自社内での研究開発や事業買収などに伴って将来獲得する予定の強みでいい）。

②機能的価値

自社の強み（事実・特徴）にもとづいて、顧客に提供する物理的な価値や具体的な機能・特性にあたるものを示します。競合に対する機能面での差別化の源泉となります。

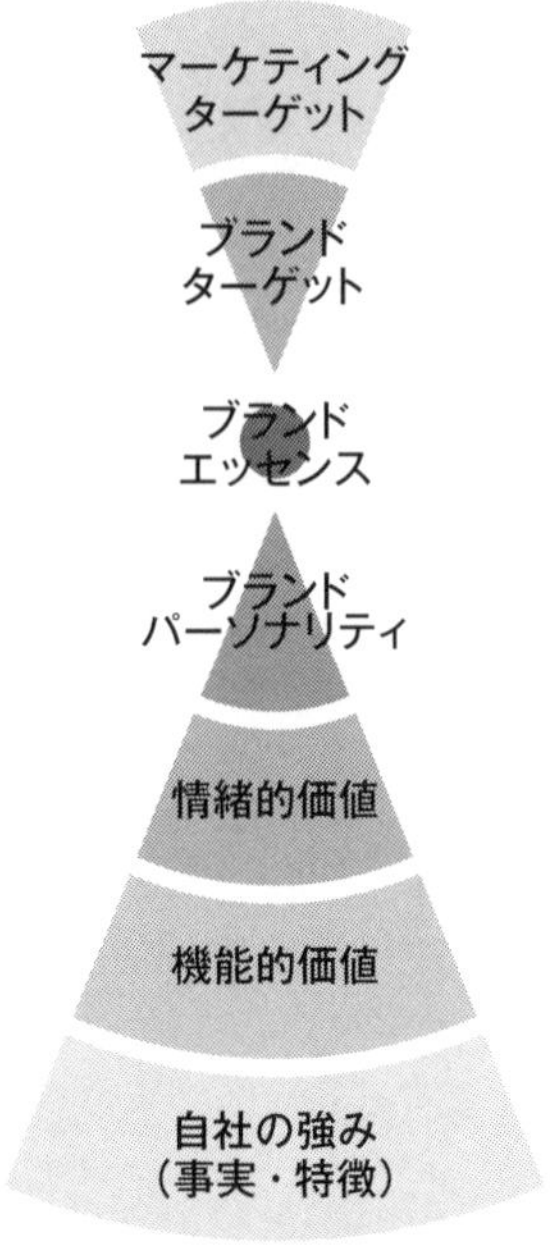

ブランドの扇

顧客	属性	日々の事業活動の結果、実際の顧客として獲得する層
顧客	価値観	企業が提示する思想や世界観に深く共感する層
ブランドの約束		企業ブランドの提供価値を凝縮した一言
自社	世界観	外部から見た際、企業ブランドが醸し出す雰囲気・世界観
自社	提供価値	企業がお客さまに提供する価値（機能面/情緒面） ※「強み」要素との関連性が明確になっていることが望ましい • 機能的価値：企業が提供する物理・機能面の効用 • 情緒的価値：企業が提供する感覚・気分的な効用
自社	強み	企業が有する商品・サービスなどの具体的な特徴※提供価値との関連性を明確化できるものだけを抽出

↓

ブランドXは、顧客に○○を約束し、
（=ブランドエッセンス）

同時に、○○のような性格や雰囲気を持ちます。
（=ブランドパーソナリティ）

ブランドXは○○のような人たちに、
（=ブランドターゲット）

○○を通じて
（=具体的な事実・特徴）

○○のような便益と○○のような気分をもたらします。
（=機能的価値と情緒的価値）

【図 4-12】 ブランド提供価値規定とブランドステートメント

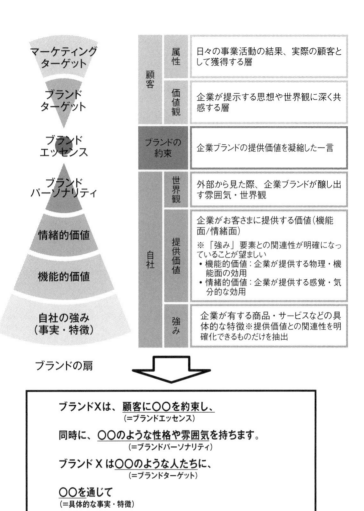

③情緒的価値

自社ブランドが提供する特有の気分や感覚を指します。機能的価値にもとづいており、顧客とブランドとの感情的な絆を築くものとなります。

④ブランドパーソナリティ

自社が外界からどのように見られたいかを示したものであり、ブランドの人格や醸し出す雰囲気として規定されます。ブランドをビジュアル表現する際のトーン＆マナーなどに反映されます。

⑤ブランドエッセンス

ブランドが持つすべての提供価値を集約し、顧客に対する約束を一言で表現したものになります。

上記の各要素を一つ一つ検討し、さらには顧客に対する約束を明文化した「ブランドステートメント」にまとめあげることで、ブランド提供価値規定は完成となります。このステートメントの要素はブランドの扇で規定された価値やブランドターゲットがもとになります。

Phase 3：展開フェーズ

●社内外統合コミュニケーション計画の考え方

リブランディングにおける最終ゴールは、企業価値を総合的に向上させること（プレゼンスや業績を含めた社会的評価全体の向上）にあります。ブランドの実行領域は顧客に対して一方的に伝達される従来型の広告やプロモーションといった領域に留まらず、従業員の自社に対するロイヤルティ醸成や新商品開発への反映、ステークホルダーとの関係構築など、社内・社外に対して発するすべての行動に及びます。

ここで重要なのは、社内の各部署で実行が予定されているそれら施策・アクションプランが、一貫性と継続性を以って実行される仕組みがあることです。顧客や市場の動向・競合の趨勢などの環境変化を捉えて、個々の部署においてバラバラに予定されているアクションをコントロールする必要があります。新商品の上市タイミングや投資家向け発表のタイミング、さらに様々な社内コミュニケーションなど、目標を達成するための1つの「うねり」になるよう、綿密かつしたたかに計算したものでなくては大きな効果は望めません。企業の規模が大きくなり、組織の分権化が進むほどにその重要性は増します。「統合」コミュニケーション計画と呼んでいる理由は、社内・社外の活動を連動させるからです。

さらにはこの実行計画をPDCAサイクルに従って、実行した結果・効果を客観的に把握し評価することで、次のアクションに反映させる必要があります。特に市場環境変化の激しい業界ではこのサイクルが重要な意味を持ちます。ある時点で成功したからといって、それでブランドマネジメントが終わるわけではありません。そのブランドを取り巻く環境が時々刻々と変化する以上、定点観測をする中で次の一手を打ち続ける（もし効果が発揮できない場合には機敏に活動計画を修正する）速度を上げることが重要になります。

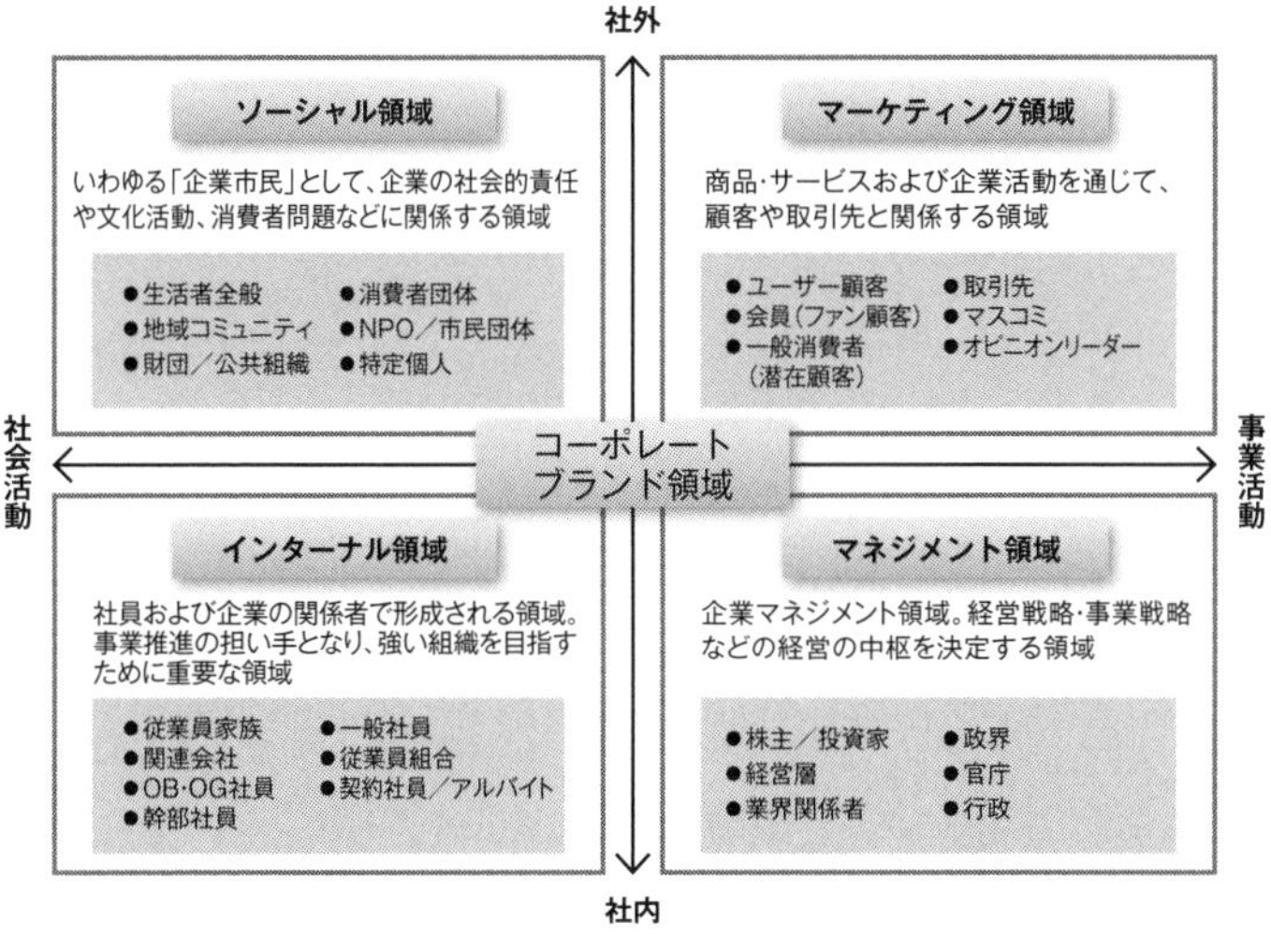

【図 4-13】 リブランディングにおけるコミュニケーションの活動領域

企業評判を正しくコントロールし、リブランディングを成功に導くためには、自社のステークホルダーがどのような範囲で存在し、限られたコミュニケーション予算の中でどのように配分していくべきかを決めなければなりません。【図4-13】はリブランディングで射程に入れるべきコミュニケーションの活動領域およびターゲットを例示したものです。社内／社外および事業活動／社会活動と、広汎にわたっていることがわかります。また、それぞれの領域でコミュニケーションの発信対象（ターゲット）が存在します。

【図4-13】に示したすべてのステークホルダーにリブランディングの内容を発信するのは、気が遠くなりそうな作業です。ですが、ポイントを押さえて適切に時機に応じたメッセージの出し分けや相互連動を図ることで、効率と効果の両立は可能となります。

次にステークホルダーを束ねたときのブランディング発信の要諦を示します。

●社内外コミュニケーションで実現すべきこと

まずは、ブランド提供価値の社外発信・社内浸透における相乗効果を見据えたコミュニケーション計画の立案が重要です。社員がブランドを深く理解することで、顧客接点におけるブランドの目指す姿を体現し、社外での企業イメージが社員の意識向上へと寄与する好循環が創造されます。

　コミュニケーション計画は、新たに策定するブランドの社内外へのお披露目だけではなく、各ステークホルダーに対して、自社のブランドに沿った企業活動の方向性やその具体的内容を示すことで、各ステークホルダーと自社との関係性の構築・強化を図ることを目標とします。各ステークホルダーとのコミュニケーション方針は次のように考えます。

①社員向け取り組み方針
　社員向けには、ブランド提供価値の内容を伝え「認知」を図り、当事者意識を持つよう「理解」を深め、行動を評価することで「実践」を促

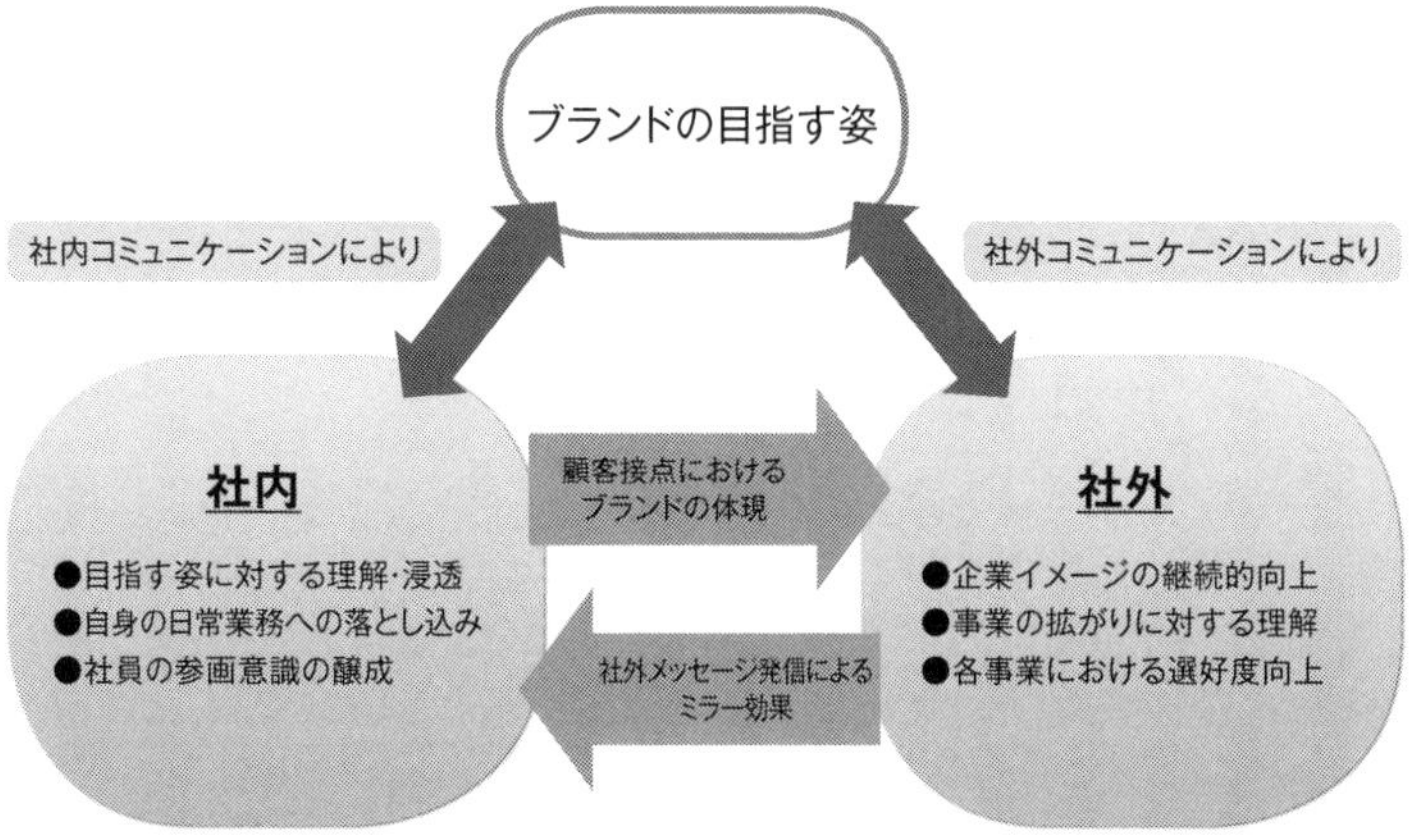

【図 4-14】 社内外コミュニケーションで目指すこと

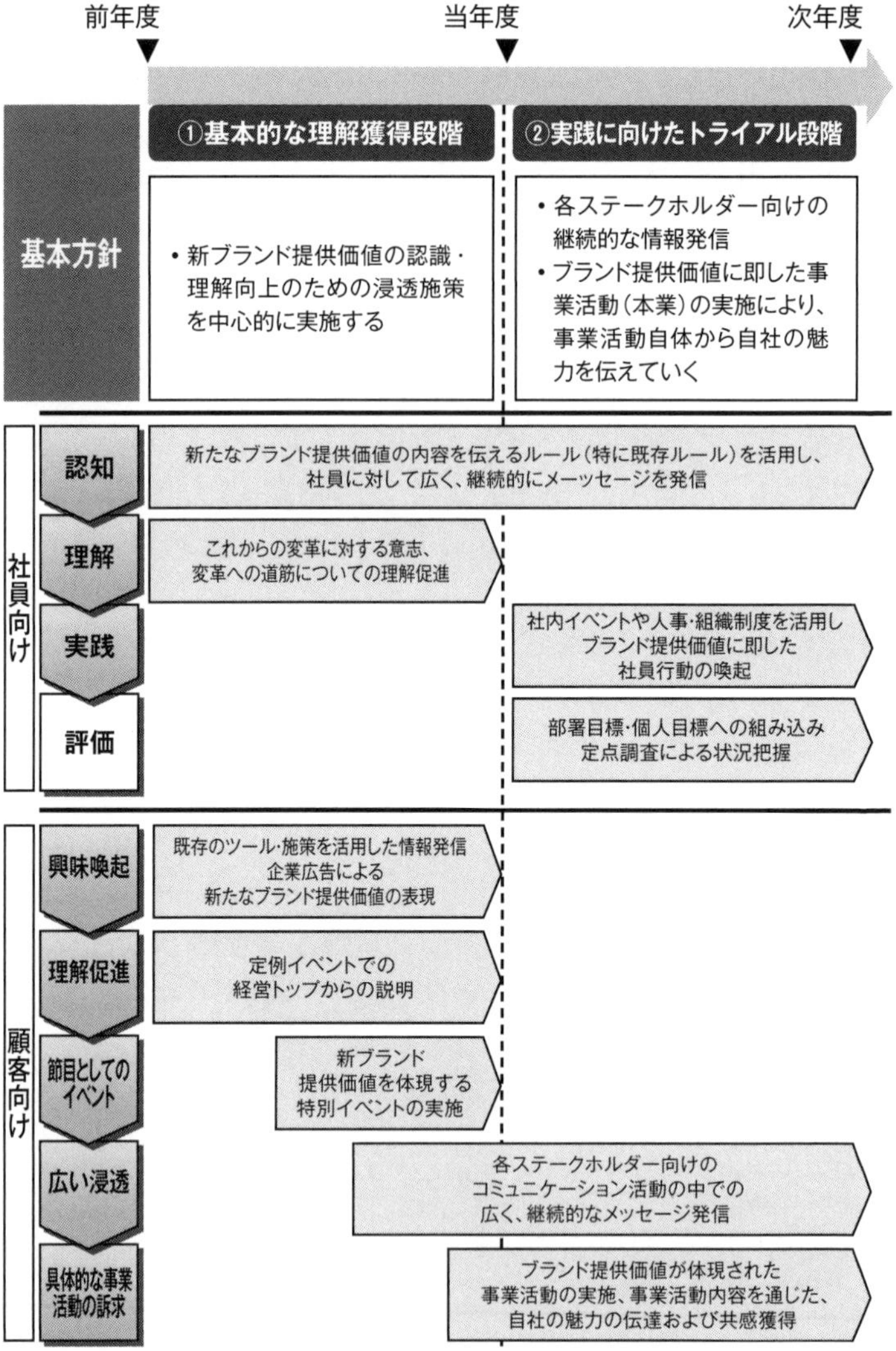

【図 4-15】リブランディング／コミュニケーション基本方針案

します。それらの活動により、自社に対する一体感と誇りを感じてもらい、仕事を通じて活躍してもらうことを目標として実施計画案を策定します。

②顧客向け取り組み方針

顧客向けには、ブランドの内容をわかりやすく伝えるツールを主として活用し、さらにお客さまイベントなどでブランドと深く触れる機会をつくることで、自社との関わりに満足してもらい、ファンになってもらうことを目標とします。

周年事業に着手するタイミングでリブランディングが奏功するために、どのような取り組みを図ればよいかを示したものが本節のテーマでした。経営者の夢や思いつきだけではブランドは変わりません、一方で顧客や競合の動向に局所的な対応をしていても企業としての一貫性は担保できません。リブランディングとは過去から現在までの道のりを正しく見つめ、同時に未来の展望を描き出す行為です。また、広汎なステークホルダーに対して目配せをしながら進めていくものでもあります。こうした考えにもとづき、本節ではリブランディングを準備・構築・展開の3つのフェーズに分け、それぞれの代表的な取り組み内容を見てきました。

しかしながら、「ブランド提供価値の社内外展開」＝「リブランディングの実現」ではありません。ブランドのあるべき姿を描くことが、直ちに外部の方々の評判につながるわけではないのです。ブランド提供価値を社内の人々の血肉に変えるためには、社内向け浸透活動の徹底と従業員一人ひとりのブランドに即した実行（商品・サービスを通じた実践）を愚直に積み重ねる他はありません。その積み重ねによって、初めてブランドに対する外部の賞賛や支持が得られるのです。社内活性化はこうしたブランド構築の起点となる、最も重要な活動となります。ここではイベント、スピーチ、ツールなど様々な浸透プランを連続かつ組み合わせて行うことで、ブランド構築の原動力となる社内の意識改革を起こし、ブランド提供価値を従業員・組織のミッションとして機能させることを目的とします。この社内活性化に関する具体的なアプローチについては、以降の頁で紹介していきます。

(3) ＜目的3　社内活性化＞の施策――甲斐荘 正晃

実際に各企業で行われている周年事業を見てみると、実に多岐にわたる施策が企画され実施されていることがわかります。周年事業の実施にあたり、特に社員への取り組みに主眼を置くことで、社員の会社への意識を高め、自分の仕事の意義を実感することを促すことができ、社内のコミュニケーションの活性化などの効果を得ることができます。この実現のためには、数多くの施策の中から、「社内活性化」の目的に沿ったものを選び、企画や体制づくり、実施準備、社内の巻き込みなどの活動を進めていくことが重要です。

企画にあたり、各社で実施されている様々な周年事業の施策を参考にする際には、それぞれの施策の持つ特徴と期待される効果を理解しておくことが欠かせません。

施策を選定するための視点

個々の施策について見ていく前に、まず自社に相応しい施策を選ぶためのいくつかの「視点」を整理してみたいと思います。

・活動の期間をどう設定するか？

周年事業プロジェクトの活動期間は主に、創立記念日などの特定の日時に絞って短期間で活動を盛り上げる「短期集中型」と、記念日を含む週や月、または年など一定の期間にわたって活動を行う「期間継続型」とに分けることができます。活動を集中型とするか、継続型とするかは、企画する活動の内容によっても制約を受けます。「社内活性化」を主な狙いと考えるのであれば、その効果も持続的でなければならないため、一定の期間を設けて複数のプログラムを実施する「期間継続型」とすることが効果的です。

記念日だけのイベントや記念品の配布などの1回限りの活動では、社員の記憶からはすぐに消えてしまいます。社内ポスターによる予告を行う、社員の意識調査のアンケートを行い、その結果を社員にフィードバックする、会社の歴史に関する資料展示を行うなど、継続的に複数の活動を行うことで、周年事業の効果を持続させることができます。

・どんな媒体を使うか？

社内活性化を目的とした周年事業は、社員に対するメッセージをどのような媒体・メディアを使って伝えていくのかという「伝える方法＝媒体」によって、次の表のように分類することができます。

社内活性化のための周年事業のプログラム事例

伝え方・利用媒体	施策の事例
フェイス・トゥー・フェイス	記念式典、社内旅行などの集合型イベント
映像・動画	周年の意義を伝えるムービー
本、小冊子など	社史、記念社内報などの配布
記念品	周年記念品の贈呈
情報ネットワーク	周年記念サイトの立ち上げ、スマホアプリなど

映像や動画の制作、本や社内報などの配布、記念品の贈呈など、片方向のメッセージ伝達は準備には時間がかかりますが、実施場面ではプロジェクト運営側の負担が少なくて済みます。一方、周年を記念した記念式典や社内旅行など社員を動員したイベントは、当日に施策を運営するための負担が多くなりますが、参加した社員相互のコミュニケーションを促進できるという大きなメリットがあります。

企業の拠点が全国やグローバルに分散している場合には、全社員集合によるイベントは実現性が低くなりますし、業務の内容によっては社員を一同に集めることがサービスの停止につながり難しいこともあります。しかし、社内の活性化というメンタルの側面を考えると、日頃顔を合わせる機会の少ない社員が集まり、フェイス・トゥー・フェイスでコミュニケーションできるイベント型事業のメリットは大きなものがあります。

ネットワーク技術を活用する方法は、これからの周年事業を企画していく上で、見逃せない媒体となります。全社員集合型のイベント実施が難しい場合でも、ネットワークで各拠点のイベント会場をリアルタイムにつなぐことで、フェイス・トゥー・フェイスのコミュニケーションに近い効果をあげている事例もあります。

・どこで実施・開催するか？

社内活性化を狙う場合、イベントなどを開催する場所の選定も重要となります。比較的小規模な企業で、ビジネスの拠点が１つの地域に集中している場合には、社員旅行などの場合を除けば、本拠地の周辺で開催場所を探すこととなります。

一方、ビジネスの拠点が広く分散している場合には、場所の選定にもいくつかの方法が考えられます。

1つは本社所在地の近くで開催することで、日頃本社に集まる機会のない離れた拠点の社員らの「全員集合」を、イベントの特徴とする方法です。

ビジネスの拠点が広く分散していて、1カ所に集合させることが難しい場合には、各地域に中心となる拠点を設定し、それらの拠点に社員の集合を図る方法がよく採られます。日本全国で5〜7カ所程度の拠点を設ければ、宿泊なしでも全国の社員を集めた半日程度のイベントの開催が可能となります。複数の集合拠点を設ける場合には、本社を含めた全体としての盛り上がりも考えて、各イベント拠点に役員が手分けして参加するなどの工夫も必要でしょう。

・誰が企画し実行するか?

どんなに優れた周年事業の企画でも、参加する社員が当事者意識を持てなければ、期待する効果を達成することはできません。成功のためには、周年事業を誰が企画し、準備し、実行するかが極めて重要なポイントとなります。

周年事業の狙い、実施期間、予算などの全体のフレームワークは本社サイドで提示しても、個々のプロジェクト活動については現場の社員にアイデアを出してもらい自ら企画することで、一人でも多くの社員に周年事業に対する当事者意識を持ってもらえることが必要です。現場の社員が運営するといっても一人ではなにもできないため、企画と実行を行うためのタスクフォースを組成する必要があります。タスクフォースを組成するにも拠点ごと、職場ごと、入社年次ごと、役職ごと、趣味のサークルごとなど、いろいろな考え方があります。どのような構成の集団で実行する場合でも、多くの社員が集まって周年について考える場を、イベントの準備段階から設けていくことが成功のポイントとなります。

代表的な施策

前節で自社に相応しい施策を選ぶための「視点」をご紹介しました。それに続いて本節では、実際の周年事業でよく行われている代表的な施策について、そのポイントを見ていくことにしましょう。一部、企業理念の浸透の部分とも共通する内容が入ってきますが、場合によっては目的と一部重なる部分もあるかと思いますので、施策と目的をよく意識しながら読み進めていただければと思います。

① 社史

会社の周年事業として何か残るモノをつくろうと考えた場合に、「社史」が思いつくことも多いと思います。「社員には自分の仕事だけでなく、もっと会社というものを意識してほしい」とか「会社の歩んできた歴史を知ることで、これからの会社の方向性についても考えさせたい」と思っているのであれば、「社史の編纂」をお勧めします。

社史というと一般に100~200ページ程度の冊子形式の1冊の図書を想像されると思います。しかし、最近では冊子形式以外にも、内容ごとに小冊子に分けて何冊かで構成される分冊形式、読みやすさを重視し雑誌やコミック、絵本の形をとったもの、冊子形式ながら内容は小説形式としたものなど多様になってきています。

社史の読者も様々です。社員が主な想定読者となることはもちろんですが、社員以外にも顧客や取引先、関連企業そして幅広く社会全体や就活学生なども、会社のことを伝える目的で想定読者となることがあります。「社内活性化」の目的から社員を第1の想定読者とする場合には、「どんな場面で社員に社史を活用させるか」をあらかじめ想定しておくことも欠かせません。具体的には社内研修での新入社員の教育や、職場での朝礼で少しずつ紹介していくなどの活用方法が考えられます。よって社史の形式は、想定される社内での利用場面に沿って、利用しやすいような形式を選んでおくとよいでしょう。

社史の中に盛り込む内容にルールはありませんが、多くの企業の社史に共通するコンテンツは下表のようになります。

社史に盛り込むコンテンツの事例

刊行にあたっての社長の言葉
会社の理念や目指す姿
創業から現在までのあゆみ
製品やサービスの内容
売上、利益、社員数などの推移
市場や拠点、事業の拡大の経緯
年表

これらのコンテンツの中で「社内活性化」の目的のために、1番重要なものは「創業から現在までのあゆみ」です。社員は普段から社訓や理念、行動指針などは知らされています。しかし創業当初から会社にいた人間を除けば、いまある理念や行動理念などが、会社の歩んできた歴史の中で「どんな経緯でつくられたのか」や「何を狙ってつくられたのか」を知る社員はいません。社史の中の「創業から現在までのあゆみ」には、企業の創業から現在に至るまでのストーリーの中で、

それらの理念が形づくられてきたことを社員に伝える、大切な役割が与えられているのです。

社内に余裕がないからと社史の編纂を社外の専門家や業者に丸投げすることは、「社内活性化」の目的からみると、最もやってはいけないことです。なぜなら、社史、特に会社のあゆみの部分は、出来上がったものを読むことよりも、その編纂に携わることの方が何倍も効果があるからです。編纂を担当する社員が自分の知らない会社の過去について文書化するためには、現在の経営陣や社歴の長い先輩、会社を退職された大先輩などからいろいろな話を聞き集める必要があります。これは、様々な立場の社員が会社への意識を高め、その結果として会社の周年を自分のこととして捉えられる大変貴重なチャンスです。ですから、社史の編纂は社外の専門家に頼んで手際よくつくる方法を選ぶのではなく、多少時間がかかってもできるだけ多くの、できれば入社歴の浅い社員に、材料集めと編集を担当させることをお勧めします。

② 社内報への連載

「周年事業として何か残るモノをつくりたい。しかし、社史のように1回配布しただけでは、その効果が十分あるのか心配だ」という場合は、社内活性化への効果をより確実なものとするために、社史のように1回だけの情報提供ではなく、その内容を何回かに分けて継続的にメッセージとして伝えていく方法をお勧めします。例えば既存の社内報などの中に、社史に盛り込むようなコンテンツを分割して掲載する方法です。

連載となるため、読者である社員が次も読みたくなるような工夫が必要となります。「会社のあゆみ」のパートは、単に時間的経緯に沿った出来事を紹介していくよりは、日本経済新聞の「私の履歴書」のように経営トップが物語調で語る方が、読者によって読みやすくかつその先が印象に残る読み物となります。また、社史1冊に比べれば誌面にも余裕が出てくるため、トップの社長だけではなく複数の役員クラスをバトンタッチするように、順々に登場させる方法も面白いでしょう。

さらに誌面に余裕があれば、現場の社員を登場させても効果があります。登場した社員が、仕事で経験したことの中で、次の世代や若い社員に伝えたい「感動体験や想い出に残っているエピソード」を語ってもらうのです。そうすれば、普段の業務の中では伝えられない「社員にとっての会社」や「自分の仕事の意義」「仕事を通したお客さまとのつながり」など、貴重な情報を広く社員と共有することができます。また現場の社員を登場させることで、「次は誰が出てくるのかな?」という興味を持たせることができ、次号への期待も高まります。

③ 周年ビデオ

「社史や社内報のような読み物の配布は、社風や職場環境にあまり合っていない」「本を読む機会の少ない社員にとって、もっと親しみやすい方法はないだろうか」という場合には、「周年ビデオの制作」をお勧めします。会社の規模が大きいと、全社員集合型のイベントを開催しても多くの社員に直接話しかけることができない場合、特に経営トップのメッセージを、臨場感を持って伝える方法としてビデオはよく利用されます。

「社内活性化」の効果を上げるためにビデオに納めるべきコンテンツは、経営トップのメッセージ以外にも、「社史」の部分で紹介したコンテンツの中から、自社の周年イベントの狙いに沿って選んで映像化するとよいでしょう。この場合、特にビデオという媒体の特性として、ストーリーに沿って情報を伝えることが得意であることと、写真や動画を使って視覚的に訴えることに向いたメディアであることを利用して、映像の流れおよび構成を考えることが必要です。

ビデオの所要時間は余り長くせず、概ね30分前後に収めることをお勧めします。せっかく制作したビデオを、周年イベント1回だけのためのものとしてしまう必要はありません。使いまわしのできる内容で30分程度の適切な長さに収めておけば、新入社員研修の場面や、リクルート活動としての会社説明会など、周年イベント以外にも様々な場面で活用が図れます。

ビデオというメディアは、制作側から社員に向けての片方向のコミュニケーションツールです。しかし、社内活性化の効果をえるためには、視聴する社員に「当事者意識」を持ってもらう必要があります。そのための効果的な方策は、コンテンツの中に「拠点紹介」や「各職場の社員からのメッセージ」などの社員の顔と社員の声を加えることです。自分の職場や、仕事でつきあいのある社員などがビデオに登場することで、ビデオがより身近なものとして感じられてきます。また「あいつ、いまあの職場にいるんだ！　今度、また話をしたいな」といった、社員同士の相互コミュニケーション活性化のツールとしての役割も期待することができます。

④　社員旅行

「社員相互のコミュニケーションが不足している」「周年イベントを通じて職場の一体感を醸成したい」という課題があるのならば、周年イベントとして「社員旅行」をお勧めします。

その昔、企業の年中行事といえば、温泉のある観光地への社員旅行が定番でした。しかし、宴会で若手や女性社員がお酌をさせられるなどの理由から社員から敬遠されるようになり、すっかり下火になってしまいました。熱海など首都圏の近場の温泉地の衰退も、社員旅行の減少が大きな理由のひとつだと考えられます。しかし、最近になってその社員旅行を復活させる企業が増えはじめています。一時は4割近くまでに減っていた社員旅行をする企業の数も、近年は5割近くまで戻りました。その流れに乗って、最近実施していなかった社員旅行を、周年イベントとして実施したいと考えている企業も増えています。

最近になって、社員旅行の人気が戻ってきている理由はどこにあるのでしょうか。それは社員旅行の主眼が、「社員を喜ばせたい」ということに移ってきたことにあります。その結果、「ラスベガスへのカジノツアー」「イタリアの世界遺産を巡る旅」「豪華客船をチャーターしてのクルーズ」など、個人ではなかなか経験できないような魅力的な社員旅行の事例も出てきています。

周年イベントとしての社員旅行に求められるのは、周年ならではの「特別感」です。「社員のためにこんなことを考えてくれていたんだ！」という気持ちを持ってもらうことで、社員と会社との一体感が生まれます。これこそ、「社内活性化」の目標として置かれる「会社への意識を高める」ことにあたります。

旅行は、日常業務から離れた場所で新しい体験をすることであるため、社内活性化が目的だからといっても、「仕事の意義」のような堅いテーマを持ち込んでは台無しです。会社の歴史などのような、「周年」の意義を伝える堅苦しいプログラムは最小限に留めましょう。その代わりに、日頃接することのない社員相互のコミュニケーションが図れるようなプログラムをふんだんに用意しましょう。職場対抗の隠し芸大会、役員も参加してのゲーム大会、異なる職場のメンバーでチームを組み、地図とコンパスを頼りにフィニッシュまでの時間を競うオリエンテーリング、くじ引き大会など、社員全員で盛り上がれるアイデアはいくらでもあります。企画を事前に社員から募ることで、社員参加型にすることも周年ムードの向上に効果的です。

⑤ 社員運動会

人が1番仲間意識を持てるのは、一緒にカラダを動かし汗をかいて共通の目標に取り組む体験だと言われています。かつてボーリングが全盛だった頃には、土曜日の半ドンの後、社員全員で参加する社内ボーリング大会がよく行われていました。レーン対抗や職場対抗など応援合戦も盛んで、結構盛り上がりました。しかし、ボーリングが下火になってしまってから、それに替わる「みんなで汗をかけるスポーツ・イベント」が少なくなってしまいました。「最近、職場の一体感がなくなった」とか「職場で楽しそうな会話を耳にすることが少なくなった」と思っているのであれば、周年イベントとして「社員運動会」をお勧めします。

せっかく周年イベントとして運動会を行うなら、それなりのイベントらしい盛り上がりが必要です。週末や祭日などの丸1日を使って、盛大に実施しましょう。社員にとって大切な休日を使うのですから、当然家族も参加できるように考えなければなりません。玉入れや綱引き、借り物競走など、小学校でよくやったような競技ならば、子供も大人も楽しめます。また汗をかくプログラムだけでなく、子供が退屈しないようなアトラクションも豊富に揃えてあげましょう。各国の大使館や機関、米軍キャンプなどで開催されるフェスティバルは、日本では日頃見かけないようなアトラクションやゲームのアイデアの宝庫です。標的になったスタッフの顔を目がけて、本物のパイを投げる「パイ投げゲーム」など、長い行列ができて、小さな子供にとって一生の思い出となること請け合いです。

もちろん社内活性化の目標である「会社への意識を高める」ことが運動会の狙いであるため、お弁当や飲み物、屋台など、しっかり予算を付けて「良い会社で働いていること」を実感できるようにしてください。

⑥ 記念講演会

「周年イベントの中で、社員にもっと市場や技術の動向に関心を持ってもらい」「会社のこれまでを知ることで、会社の今後についても考える態度を身につけてほしい」と思っているのであれば、周年イベントとして「記念講演会」が適当でしょう。

社内で開催される講演会というと、仕事に関係した分野の先生や著名人を招いて行われるものが多いと思います。それはそれで大切ではあります。しかし、これでは周年事業の一環として実施しても、期待する社内活性化には寄与しません。どんなに有名な講師を高額の講演料を払って呼んだとしても、仕事との関連が強すぎると、日常業務の延長と感じられてしまうからです。周年事業の中での講演会には、非日常の側面が不可欠です。

周年事業の一環として講演会を企画する場合のお勧めは、「昨日・今日・明日」の流れにそって、講演のプログラムを構成する方法です。プログラムの先頭は「昨日」のパートです。このパートでは、会社のこれまでのあゆみを時系列で説明していきます。この場合、話や図表だけでは聞き手にとって退屈なので、できるだけ多く昔の写真や動画、録音などを集めて披露していくといいでしょう。ＯＢ・ＯＧも含めた会社の大先輩を招いて、昔のエピソードをリアルに語ってもらってもいいと思います。

2番目の「今日」のパートでは、会社のいまの姿を整理します。ビジネスは日々変化をしています。その中で、現役の社員であっても現在の会社の動きに疎くなっていることが少なくありません。周年イベントを通して、「いまの会社」を再認識させることには、業務面での効果も期待できます。

最後のパートとなる「明日」では、社外の方の力を借りる必要があります。企業のビジネスの明日の姿を決めるのは、お客さまです。直接的にお客さまが求める要望やニーズ、そしてお客さまがまだ気づかない隠れたニーズに対して、どれだけ応えられるかで会社の将来は決まります。このパートでは会社のお客さま、そして市場や技術の動向に詳しい専門家にも参加をお願いし、明日の会社に求めるもの、期待する姿を遠慮なく語ってもらい、社員が会社の将来を考えるきっかけを与えることを狙います。

講演会の後には記念パーティーなどをセットして、楽しさを演出することも忘れないでください。

⑦ 記念パーティー

「周年イベントを通じて、社員やその家族に対する感謝の気持ちを伝えたい」と思っているのであれば、周年イベントとして「記念パーティー」をお勧めします。

我が国ではあまり例が多くありませんが、欧米の企業ではクリスマスに社員とその家族を招いて、「1年間ご苦労さま」の気持ちを込めたクリスマスパーティーをよく開きます。周年事業にとっても、一連の周年行事のクライマックスとして、パーティーは重要な役割を持っています。

お客さまや協力企業、関係企業などを呼んで開くパーティーは、日頃の感謝を示すことが主な目的となります。周年イベントであれば、長年会社にとって重要な存在として貢献をしてくれた企業や関係者を「褒める」要素を盛り込むことが、パーティーの意義を明らかにするためにも欠かせません。表彰はその形のひとつです。

パーティーの狙いが社内活性化の場合も同様です。我が国の企業は、一般的にあまり「社員を褒める」ことが上手くないようです。ユニークなサービスで知られる米国のサウスウエスト航空では、毎年社員を集めて「心の英雄賞」の受賞者を表彰するパーティーを会長主催で開いているそうです。サウスウエスト航空の売り物は、乗客が予想もしないようなビックリのサービスを提供することにあります。機内座席の上の収納棚にＣＡが潜んでいて乗客を迎えるサービスや、ＣＡが軍服を着て搭乗口に立つサービス（ちょっと物騒ですが、退役軍人をねぎらうためのサービスだそうです）など、周りの社員の理解と協力がなければ簡単にはできません。サウスウエスト航空の社員がこのような奇抜な行動ができるのは、会長直々の「お褒め」があるからに他なりません。

多くの社員が集まる席で褒められることで、「自分と会社との関係を意識する」「自分の仕事の意義を実感する」「仕事への意欲が高まる」などの社内活性化が狙える効果が実現できます。海軍元帥の山本五十六の言葉にもある「やってみせて、言って聞かせて、やらせてみて、ほめてやらねば人は動かじ」の精神はいまも生きています。周年パーティーを企画される際には、「いかに社員を褒めるか」に力を注いでください。

⑧ ネットワークの活用

企業活動におけるWebやSNS、スマートフォンなどネットワーク技術の意味合いは日ごとに強くなっています。各社で行われる周年事業の活動でも、ネットワーク技術を上手に活用した事例が多く見られるようになってきました。

社員や関係会社など向けの情報発信と情報共有のツールとして、周年事業専用の社内外向けウェブサイトを立ち上げることはいまや常識となっています。周年事業のウェブサイトに盛り込むコンテンツはまさにアイデア次第ですが、社内活性化のための標準的なコンテンツとして次ページの表のような内容が考えられます。

ネットワークを活用した周年ウェブサイトのコンテンツ・イメージ

周年事業の意味と意義
計画されている周年イベントの紹介
経営トップから社員へのメッセージ
周年事業の実行体制
プロジェクトメンバーから社員へのメッセージ
これまでのプロジェクト活動の記録やレポート
社員の投稿ページ（私にとっての周年とは、活動への要望や意見）
社員アンケートのページ
周年クイズ（会社のいまと昔に関する設問）

これに加えて、各拠点での取り組み内容や成果などもアップすれば、全社的な盛り上げに効果があるでしょう。

またウェブサイトのような掲載する内容が決められた情報ツールではなく、社員が自由に発言し情報交換するために、期間限定の周年ＳＮＳを立ち上げることも考えられます。たとえばInstagramならば、社員は「周年」や「会社」をテーマに自由に写真を投稿することで、普段意識しなかった「自分の会社に対しての意識」に気づくきっかけになります。

若手の社員向けにスマートフォン用の周年アプリを制作しても面白いかもしれません。アプリにどんな内容を盛り込むかについては是非若手社員から公募して、若い人のアイデアを取り入れてみてください。会社の中だけでなく、家庭で家族に見せたり、社外で友人に見せたりすることは、会社を社外にアピールする「インターナルブランディング活動」としての効果も期待できるでしょう。

第5章

実践③ 社内への浸透

——甲斐莊 正晃

（1）周年とインターナルブランディング活動

よく「自分がその商品を好きでないと、自信を持ってお客さまに勧められない」と言われます。人と人とのコミュニケーションの中で、人間が一番強く感じ取ることは、相手が持っている感情です。お店で品選びに困って店員にお勧めを尋ねる客が、1番感じ取るものは店員がその商品に対して持っている感情になります。

周年事業でも同じです。社内だけに留まらず、協力企業や取引先、お客さままでを巻き込んだ形で活動を広げていくためには、まず社員に「周年に対する前向きな意識」をしっかり持ってもらうことが欠かせません。周年事業の成功の鍵を握る「社員の周年に対する前向きな意識」は、インターナルブランディング活動の目指す「社員の自社ブランドに対する意識」と、多くの点で共通しています。

そもそも、入社したときから会社の製品やサービスが嫌いな社員などいないはずです。入社してくる社員はだれでも、会社の製品やサービスの価値を自分なりに理解していたはずです。しかし、入社後日々の業務を忙しくこなしている間に、自社やその商品に対して入社時に持っていた意識は下がってしまいがちです。そのような社員の会社や商品に対する想いを取り戻すためにも、周年事業は絶好のチャンスなのです。

(2) 浸透のためのステップ

マーケティングでは消費者心理を考えるとき、AIDMAの理論に沿って購買に関連する消費者の意識の移り変わりを捉えます。消費者の購買に関する意識の変化を、A(注意を払う)、I(興味を持つ)、D(願望を抱く)、M(記憶する)、A(購買する)の5つのステップに分けて、消費者がいまどのステップにあるのか、そしてどんなアプローチがいま消費者に対して効果があるのかを考えるのです。周年事業における「社員の意識づけ」でも同じように、社員が会社に対してどのような意識を持っているのか、また周年の意義をどう捉えているかを把握することで、周年事業やインターナルブランディング活動の効果をあげていくことが可能になります。

周年事業の社内浸透活動では、社員の心理状況を下図に示すようなNUDAの4つのステップで捉えていきます。

インターナルブランディングの浸透段階

	浸透のステップ	社員の心理状況
N	NOTICE	周年を認識する・気づく
U	UNDERSTAND	周年の意義を理解する
D	DESIRE	周年活動に参加したくなる
A	ACTION	周年活動として自ら行動し社内外に発信する

①NOTICE（認識）

周年事業における「社員の意識づけ」のための最初のステップは、社員に対して、周年をどう認知させるかというものです。過去に周年行事を体験したような社歴の長い社員にとっては、「周年」と言えばすぐにピンと来ますが、社歴の浅い社員にとっては、ただ周年と言われても自分にとってどんな関係があるのかピンと来なくて当然です。

NOTICEのステップではまず、社員に対して周年事業の開始を伝えるタイミングが重要となります。記念日の前後だけでスポット的に活動するのではなく、周年イヤーのように一定の期間継続する活動として企画するのであれば、記念日よりも一定期間前からスタートを周知させていくことが必要です。

なるべく多くの媒体を動員して「周年がはじまること」を確実に全社員に伝えていきます。NOTICEのステップでよく利用される媒体としては社内ポスターがありますが、それ以外にも「社内報での告知」「社内向けWebへの掲載」などの視覚的媒体を使って直接的に社員に告知します。また周年イヤーのロゴを用意して、名刺や会社案内・パンフレットなど社員が日頃から利用する印刷物をつうじて周年イヤーを周知する方法も、社内外も巻き込んでの周年イヤームードの盛り上げに効果的です。

また、経営のトップの協力も得て、年頭の社長や部門長の訓示では、忘れずに「周年イヤー」の大切さについて語ってもらいましょう。

② UNDERSTAND（理解）

周年事業の社員浸透の第2のステップでは、社員に周年の意義を理解してもらいます。多くの社員にとって、自分が働く会社が周年を迎えると言われても、自分の仕事との関係が見出せず、これといった関心を示さないのが普通です。社員によっては「また何か余計な仕事をやらされるのではないか?」と、あえて無関心を装うことすらあります。

それでは、どうすれば社員に会社の周年に対する興味を持ってもらえるのでしょうか。そのためにUNDERSTANDのステップで、すべての社員に理解させたいことが3つあります。

(ア)「会社の社会的価値」の理解

どのような業界・業種であっても、企業は、お客さまが金銭的対価を支払うに値すると考える価値を提供することで成り立っています。周年事業の意義には、日頃利用してくれているお客さまへの感謝も含まれています。

周年にあたって、すべての社員に会社の社会的価値を確認してもらうことは重要です。自社のビジネスに価値を認めて対価を支払ってくれている顧客は誰なのか、そして自分の会社をどう見てくれているのかについて、すべての職場の社員が想いを至らせる絶好の機会だからです。

しかし職場・職種によっては、自社の顧客に直接触れる機会がほとんどない社員も少なくありません。それではいくら「お客さまへの感謝」と言っても、実感が湧いてこないのも当然でしょう。普段はお客さまに接する機会のない社員に、積極的に顧客と触れるチャンスをつくっている企業があります。ある事務機器メーカーでは、研修として開発職の社員を営業マンに同行させることで、定期的にお客さま訪問を実施しています。訪問した開発職の社員は、日頃自分が開発・設計している機器を「誰がどのように使っているのか」を体感することができ、顧客ニーズの収集だけでなく意識面でも大きな効果を上げています。

(イ)「会社の目指す姿」の理解

周年事業の狙いは、これまでに見てきた通り、お客さまへの感謝だけでなく、企業の成長にもあります。UNDERSTANDのステップで大切なことの2つ目は、明日の企業が目指す姿を社員と共有することです。前段の会社の社会的価値をもとに、社会とお客さまに対して提供する「新たな価値とは何か」の視点で、会社の明日を描いていくことで社員の理解も深まります。経営サイドから一方的に「目指す姿」を押しつけるのではなく、社員も参加した形で「会社の明日の姿」について議論ができれば、社内への浸透がスムーズに進みます。

（ウ）「各職場の業務とお客さま・社会とのつながり」の理解

UNDERSTANDのステップで社員に求めたい理解の3つ目は、それぞれの社員が担当している業務とお客さま・社会との、つながりの理解です。社員に「仕事の意義」の理解を促すことは、周年事業の大切な役割です。しかし、多くの職種は直接顧客との接点がないために、顧客とのつながりから仕事の意義を理解することが難しくなっています。これではいくら「明日の会社の目指す提供価値」を訴えても、社員が「自分の仕事との関係」を見出せず、結果として周年事業への関心も高まりません。

そんなときに役に立つのが「後工程はお客さま」という言葉です。これは、自分の仕事の結果を受け取るのがお客さまではなく自社の社員であっても、その社員をお客さまと思って対応することで、結果的には社外のお客さまにとって価値の高い仕事ができるようになるという考え方です。

各種の媒体を利用したり、職場での話し合いの機会を設けたりすることで、上記の3つの理解がすべての社員から得られるように、UNDERSTANDのステップの施策を考えます。「会社の社会的価値」「会社の目指す姿」そして「業務とお客さま・社会とのつながり」の3つの理解が進めば、周年事業への社員の理解を得られる前提となる知識は概ねインプットできたと考えてよいでしょう。

③ DESIRE（願望）

DESIREのステップでは、UNDERSTANDのステップで獲得した「会社の社会的価値」「会社の目指す姿」「業務とお客さま・社会とのつながり」の理解にもとづき、周年事業に協力したいという意欲を社員に持ってもらうための施策を展開します。

周年事業に協力したくなる動機づけのポイントは、「自分の業務活動を通じた自己実現」への意欲を社員に醸成することにあります。それは社員が会社に対して持つ欲求と、深い関係があります。

米国の心理学者アブラハム・マズローは、人間の欲求のピラミッドとして有名な「欲求の5段階説」を示しました。欲求のピラミッドは次の図のように、人が生きていくための基本的・本能的な欲求である第1階層目の「生理的欲求」、危険を回避し、安全・安心を求める第2階層目の「安全欲求」、集団への所属を求める第3階層目の「帰属欲求」、人から認められることを求める第4段階目の「承認欲求」、そして自らの能力や可能性を最大限発揮したいと思う第5段階目の「自己実現欲求」の5つの層から構成されます。

社員が初めに会社に求めるのは、衣食住を満たすための生理的欲求です。我が国の企業に所属する社員ならば、あまり問題となることはないと思いますが、過労死だけは例外でしょうか。人間の「寝たい」という1番基本的な欲求を満たさないことになりますので、これにはマズローもビックリかも知れません。2段階目の欲求である「業務と職場の安全」、そして3段階目の「帰属欲求」の2つも、日本の企業では概ね問題にはならないと思います。

　周年事業において社員浸透を企画・立案するときに注目すべきなのは、マズローが示した欲求のピラミッドの4段階目以降です。5段階目の自

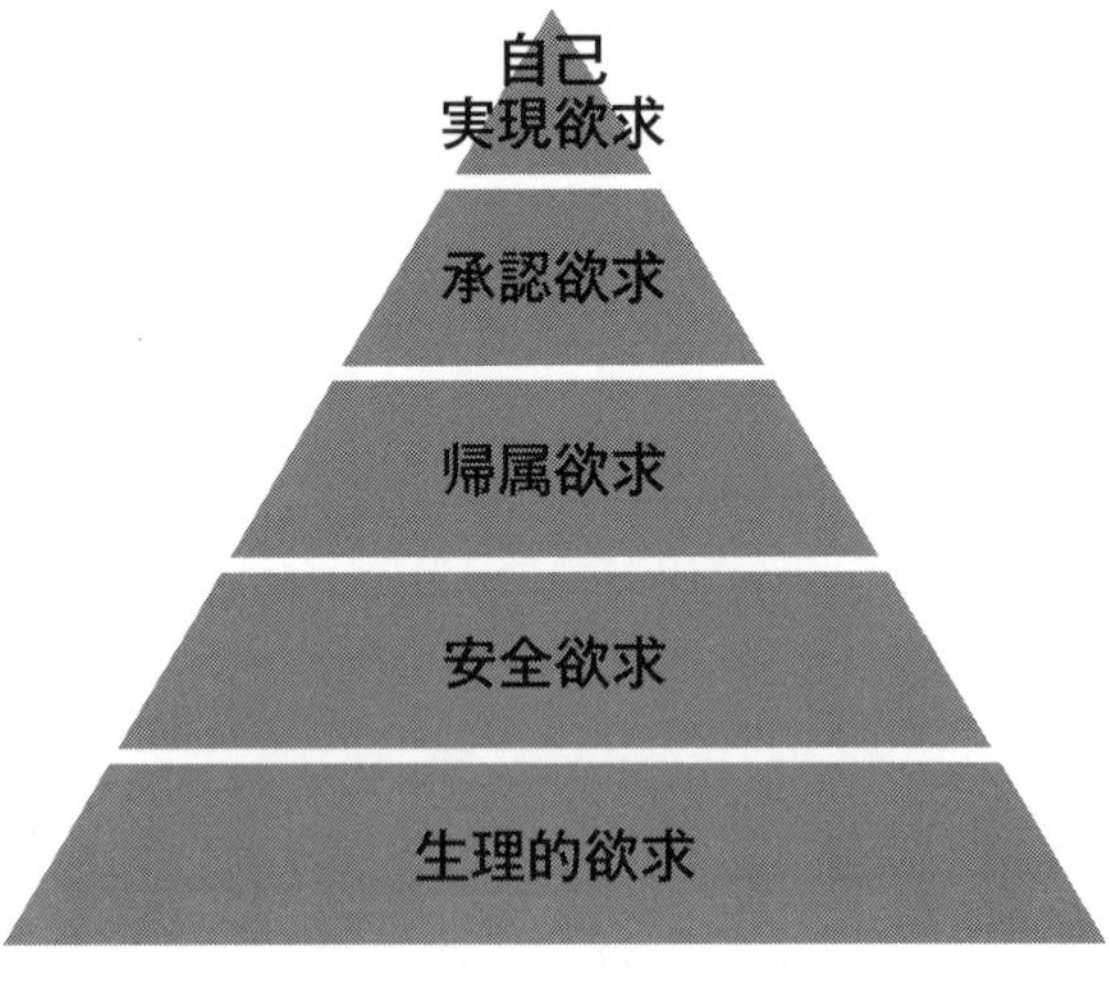

【図 5-1】 マズローの欲求のピラミッド

己実現欲求は、社員の立場からみれば「会社での業務活動を通じて、自己実現したい」という欲求に読み替えることができます。これは周年活動への社員の参加意欲を高める強い動機となりえます。そのためには、社員には会社での業務活動が自らの自己実現の土俵として相応しいことを、納得してもらう必要があります。

④ACTION（行動）

これまでの3つのステップを経て業務を通した自己実現の意欲を持った社員から、周年事業への協力を引き出すためには、社内の環境づくりが大切です。よく我が国の会社は欧米の会社に比べて、社員を褒めることが上手ではないと言われます。社員の第4段階目の欲求である「承認欲求」が満たされていない職場も多いのかもしれません。そこで、周年事業では「協力してくれた社員を褒める」ことを徹底することで、社員の周年事業活動への参加意欲を高める工夫が不可欠です。

「褒める」ための施策は、数多くあります。周年行事への参加や協力をポイントで評価して高得点者を表彰すること、好事例を集めて社内報で公開することなど、会社らしい職場らしい「褒める」方法を実行してみてください。そうすることで、「やってみる」と「褒められる」の理想的な活動サイクルが形成され、周年事業が盛り上がることにつながります。

（3）浸透のための体制

周年事業を成功させるための体制づくりでは、注意しなければいけないことが3つあります。

1つ目は、総務部や人事部、広報部など特定の1つの部署を、活動の主管部署としてしまわないことです。特定の主管部署ができてしまうと、それ以外の部署は「うちの部署の仕事ではない」「お手並み拝見」といった冷めた目で周年事業を見るようになりがちです。社内のすべての部門が関わる活動とするためには、プロジェクトの推進事務局を、特定の部署に所属しない社長の直轄とすることが効果的です。

注意点の2つ目は、体制づくりの中に社員の自主性を盛り込むことです。メンバーを公募で集めることができれば理想的です。

3つ目は、すべての部門長にも周年事業に対する当事者意識を持ってもらうことです。メンバーの選定を公募制で行わない場合には、各部門の責任者に、責任感を持って前向きに取り組んでくれるメンバーを推薦してもらいましょう。その上で、メンバーを選んだ部門長を活動のアドバイザーに任命してください。そうすることで、プロジェクトが各部門の長の支援を受けられる組織であることが周囲にも明らかになります。そしてメンバーには、選ばれたメンバーとしての誇りと自覚、そして責任感を持たせることが可能となります。

(4) 社内への浸透を成功させるポイント

最後にNUDAの4つのステップに沿って周年事業を進める上で、全体に共通する浸透成功のポイントを確認しておきましょう。

① ポイントの1つ目は、できるだけ多くの媒体・メディアを動員することです。これでもかと言われるような波状攻撃で、周年イヤーのムードを社内に広めることです。NOTICEのステップで、社内ポスターの活用などの周年事業の露出度を

高める方策をいくつかご紹介しましたが、この「マルチにメディアを動員して、途切れることなく露出度を高める」作戦は、活動の全期間にわたって欠かせません。社内の特定のプロジェクトだけが露出度を高めることは、「うちの社風に合わない」と思われる方もいるかもしれません。しかし周年事業は期間限定の活動です。遠慮なくムードづくりに励んでください。

② ポイントの2つ目は、ブーメラン効果の活用です。企業の広告を1番よく見ているのは、その企業の社員であると言われますが、周年事業が行う社外向けの告知、ウェブサイト、パンフレットや会社案内から名刺に至るまでの周年の表示など、社外への情報発信を1番意識するのは社員です。お客さまや関係企業の人から「おたくは今年、○○周年なんだね」と、声を掛けられる機会も多くなることでしょう。その度に、社員は周年を意識することになります。アウトサイドインとも呼ばれるこのブーメラン効果をどんどん活用して、社員の周年意識の向上を図りましょう。

③ ポイントの3つ目は、楽しさの演出です。周年事業は期間限定の活動、社内でのお祭りのようなものです。子供達がお祭りを大好きなのは、日頃からうるさく言われているルールや決まりを、このときだけは守らなくて好きにやっていいことを知っているからです。企業の周年事業にも、是非このお祭りの楽しさを持ち込

んでください。上司の反応を気にせずに、会社の将来について「自由に自分の意見が言える」とか、所属や役職の違う社員とも周年の場を使って「自由にコミュニケーションできる」とか、日頃なかなかうまくいかない社内コミュニケーションの活性化にとっても、周年事業のお祭りは大きな効果を上げるチャンスです。その1つとして周年事業の会合には、米国の企業流にお菓子と飲み物をしっかり準備すると良い効果があるでしょう。

④ポイントの4つ目は、会社のトップ層の積極的な協力を取り付けることです。どんな職場でも、社員は毎日の目標を持って、忙しく業務に取り組んでいます。その中で、社員が周年事業に協力したいと思ったとしても、もし職場の上司が「そんなことより、まず担当の仕事だろう！」という態度を見せれば、誰も周年事業のことなど考えなくなってしまいます。

　そのような状況を起こさないためには、社長が役員に、役員が部長に、部長が課長にという階層で、ことがある度に「周年の大切さ」を伝えることが必要です。年頭の社長の訓示、部門ごとの担当役員の挨拶、社内報で役員が述べる今年の抱負など様々な機会を捉えて、社内外に周年をアピールしてもらうことで、社員の「周年にも協力しないといけないんだ！」という意識が芽生えます。

⑤最後のポイントは「褒め合う」ことの徹底です。人間、他人に褒められて嬉しく

ないる人はいません。あなたの会社、職場は社員同士で褒め合う文化が根づいていているでしょうか。もしも「職場内での笑顔がもっとあってもいいな」とか「社内のフランクなコミュニケーションが不足しているな」と感じるのなら、「褒め合う文化」を定着させることが1番効果的です。役員や部課長の人が「1日に5回は必ず褒める」ルールが徹底できると、社内や職場のムードがガラッと変わること請け合いです。周年事業では、まずメンバー相互に褒める。そして協力してくれた社員を徹底的に褒めることから、「笑顔の連鎖」をつくってみてください。

おわりに

最後までお読みいただきありがとうございます。あなたの会社にあった周年事業をイメージすることにお役にたてたでしょうか?

本書執筆にあたり、第一に「周年事業を経営に活かす」、第二に「周年事業の目的を明らかにし企画すること」の2点が大切な考え方とアプローチであるということ、そして、実際に着手することが、重々しい仕事ではなく「私にもできる」「やってみたら意外と簡単」と思っていただけるようにという思いで臨みました。

会社が永続するということが、本当に大変な時代になりました。本書でも述べた通り、「自らの節目を自らが創る」これが、周年事業を経営に活かす最も大切なことであると考えています。節目にどのような意味づけをするのか、社内に限らず多くの人びととポジティブなコミュニケーションをとることができる有効な機会です。多くの人びとと喜び・楽しさ・未来への期待をわかちあうコミュニケーションを創造して欲しいと願っています。

最後に、長年私が携わってきた「永続性ある組織づくり」「人々を活かし元気にする組織づくり」をこのたび「周年事業の進め方」というテーマで体系的に伝える機会をいただいた宣伝会議さまにも深く感謝しています。

この本を読まれたみなさまが、周年事業を通してご自身の新たな可能性の扉を開き、良きキャリア形成に繋げていただけたら幸いです。活躍を陰ながらお祈りしています。

（臼井弥生）

本書を最後まで読み進めて下さいまして有難うございました。まずはこの本と出遭って下さった読者の皆様に感謝申し上げます。そして、企業変革の第一線で活躍されるエキスパートの先生方が執筆される中、このような機会を下さいました宣伝会議の皆様にも改めて御礼を述べたいと思います。とりわけ遅筆な小職を温かく見守り、折に触れて適切なアドバイスを賜りましたこと、新規書籍企画部の立岡太一氏、二島美沙樹氏には感謝の念に堪えません。また、本書で事例掲載に御快諾くださいました法政大学・協和発酵キリン・住友林業グループをはじめとする企業・組織の皆様方にも、厚く御礼を申し上げます。

さて、多くの日本の企業や組織は転換期に差し掛かっております。グローバル化の波にのまれて新たな競争のためのルールメイキングが急がれる中で、足下では未曾有の人材不足や働き方改革という状況に直面しています。「周年事業」はただ会社の誕生日を祝うだけでなく、こうした変革期を成長する機会と捉えたのが本書の発想です。一回のアドバルーンではなく、成長し続けるエンジンづくりとして周年事業に取り組むことが重要です。

本書に出遭った一人でも多くの読者の企業や職場が輝き続けることを祈念します。

（森門教尊）

本書を手にとられた多くのかたは、企業活動における社内活性化の重要性を認識されていることと思います。

私が社内活性化の重要性を認識し、企業への支援活動を始めたのは15年ほど前になります。当時、業務改革コンサルタントとして活動していた私は、業務改革活動が現場の社員の無関心や無言の抵抗によって、期待した成果に至らないケースが少なくないことを残念に感じていました。本書で紹介しています社内活性化のための施策は、私のそうした経験の中で積上げてきたものです。

社内活性化の活動を成功させるには、タイミングが重要です。周年プロジェクトはその絶好のチャンスです。本書がその成功に少しでもお役に立つことがあれば、望外の喜びです。

本書の出版にあたっては多くのかたがたにお世話になりました。私に執筆の機会を与えて頂いた株式会社宣伝会議の書籍企画部のみなさま、特に二島美沙樹氏には本書の構成や取り上げるテーマについても的確な指導をいただきました。また伝わりやすい文書表現について貴重なアドバイスを惜しまない息子、甲斐荘秀生氏にも感謝を伝えたいと思います。

（甲斐荘正晃）

著者プロフィール

臼井 弥生（うすい やよい）

株式会社アイ・コミュニケーションズ
代表取締役社長

五十鈴㈱を経て、アイ・コミュニケーションズ設立に携わる。1999年代表取締役就任。経営ビジョン・中長期経営戦略の策定、コミュニケーション戦略・ブランド戦略をキーにした組織変革の企画展開、人財開発コンサルティングに幅広く携わる。全社ビジョンの浸透、参画機会の企画・推進、企業理念・ブランドコンセプトの立案・展開など実績多数。宣伝会議「周年活用プロモーション講座」講師。

森門 教尊（もりかど のりたか）

株式会社博報堂コンサルティング
パートナー

国際基督教大学卒業。コンサルティング歴は約20年。ブランディングを中核に、経営改革・業務基盤の強化ならびにリアル・デジタルソリューション開発実践までを専門領域とする。「ブランドマネジメントのすすめ方」（日本能率協会マネジメントセンター）、「ブランドマーケティングの再創造」（東洋経済新報社）、「サービスブランディングー『おもてなし』を仕組みに変える」（ダイヤモンド社）、その他、論文・寄稿多数。～2018年宣伝会議「コーポレートブランディング推進講座」講師。

甲斐莊 正晃（かいのしょう まさあき）

大妻女子大学短期大学部教授
株式会社 KAINOSHO 代表取締役
経済学博士

三井住友銀行、SAP、経営コンサルティング会社を経て、ブランドの社員浸透を専門に支援するコンサルティング・ファーム　株式会社 KAINOSHO を2005年に設立。現在まで13年間以上に渡り、製造業、各種サービス業、ＩＴ業など幅広い業種のインターナルブランディング活動を指導。ベストセラーとなった大学生・若手社員が会社の仕組みを知るビジネス小説「女子高生ちえの社長日記」シリーズ（プレジデント社）著者。～2017年宣伝会議「コーポレートブランディング推進講座」講師。

成功する!
周年事業の進め方

発行日　　2018年5月16日　初版

著　者　　臼井 弥生、森門 教尊、甲斐荘 正晃
発行者　　東 彦弥
発行所　　株式会社宣伝会議
〒107-8550　東京都港区南青山3-11-13
Tel：03-3475-3010（代表）
https://www.sendenkaigi.com/
装丁・DTP　株式会社アイフィス／齋藤 伊奈雄
印刷・製本　中央精版印刷株式会社

ISBN 978-4-88335-440-5